학부모, 교사,
최신 AI 에듀

KB196100

우리는 AI와 공부한다

박　찬·김병석·전수연·전은경·진성임
강윤진·김지용·김새롬·구현희·장혜진

우리는 AI와 공부한다!

1판 1쇄 인쇄 2025년 2월 10일
1판 1쇄 발행 2025년 2월 20일

저   자 박찬, 김병석, 전수연, 전은경, 진성임
           강윤진, 김지용, 김새롬, 구현희, 장혜진
기 획 총 괄 변문경
책 임 편 집 문보람
디   자   인 오지윤, 디자인 글로
인   쇄 영신사
종   이 세종페이퍼
제   작 박정연
제작/IP 투자 ㈜메타유니버스 www.metauniverse.net
펴   낸   곳 다빈치books
출 판 등 록 일 2011년 10월 6일
주   소 서울특별시마포구월드컵북로 375
팩   스 0504-393-5042
출판 콘텐츠 및 저자 강연 관련 문의 curiomoon@naver.com

학부모, 교사, 아이가 함께 보는
최신 AI 에듀테크 코스웨어 활용 가이드

우리는 AI와 공부한다

목차

미래를 위한 AI 교육

AI 시대, 갈길 잃은 교육에서 중심 잡기

요즘 교사나 학부모들은 교육의 방향성에 대한 고민이 많습니다. 급속한 인공지능 기술 발전으로 일자리가 사라지면서 아이들에게 효율적인 교육 방향이 무엇인지 끊임없이 고민하게 됩니다. 특히 2022년 11월 30일 ChatGPT가 등장한 이후 사회는 AI를 기존 시스템에 통합하여 혁신을 거듭하고 있습니다. 이제 동문서답하는 챗봇이 아니라 정확한 정보를 찾아 정리해 주고, 보고서 초안을 작성하는 AI 에이전트를 활용해서 생활 속에서 직접적인 도움을 받고 있습니다. 심지어 ChatGPT나 AI 에이전트를 사용하지 않고는 일을 하기 어렵다는 사람들도 생겨났습니다.

이제 카카오톡이 없는 소통 환경을 상상하기 힘든 것처럼, ChatGPT는 직관적이고 유용한 답변을 제공하면서 우리 삶 속에 스며들었습니다. 우리는 AI 기술의 비약적인 발전 속에서 교육의 본질과 방향을 다시 고민해야 하는 시대를 살고 있습니다. ChatGPT를 포함한 생성형 AI 도구들은 놀라운 속도로 우리 삶에 깊이 스며들고 있으며, 아이들조차 AI를 학습과 창작의 도구로 자연스럽게 활용하고 있습니다.

2016년, 이세돌과 알파고의 바둑 대결이 세상을 놀라게 했던 일이 떠오릅니다. 당시 AI의 발전에 대한 경이로움은 컸지만, 그것이 개인의 삶에 직접적인 영향을 미치지는 않았습니다. 알파고와 같은 뛰어난 AI를 활용하려면 인간이 AI가 이해할 수 있는 언어를 배우고 프로그램을 다룰 수 있어야 했으니까요. 이는 일반인에게는 매우 높은 장벽이었습니다.

하지만 ChatGPT는 달랐습니다. 더 이상 인간이 AI의 언어를 학습할 필요가 없어졌고, 오히려 AI가 사람의 언어를 이해하며 소통할 수 있게 되었습니다. 단지 ChatGPT에 가입하기만 하면 누구나 쉽게 AI를 활용할 수 있게 되었고, 모바일 앱을 통해 음성으로도 대화가 가능해졌습니다. 이러한 접근성 덕분에 전 세계 사람들이 단순히 신기함을 넘어 실제 업무와 일상에서 ChatGPT를 적극적으로 활용하게 된 것입니다.

일반 교사들도 ChatGPT를 수업, 업무, 개인적 용도로 많이 사용합니다. 예를들어 학교에서 수업을 준비하면서 아이디어를 얻을 수도 있고 개인적으로 영어 공부할 때도 잘 사용하고 있습니다.

ChatGPT

초등학교 3학년 학생들을 대상으로 동물의 한살이 수업을 재미있게 할 수 있는 아이디어 작성해줘

초등학교 3학년 학생들을 대상으로 '동물의 한살이' 수업을 재미있게 진행하기 위한 몇 가지 아이디어를 소개해 드리겠습니다:

1. **배추흰나비 기르기 프로젝트**: 학생들과 함께 배추흰나비의 알을 수집하여 애벌레, 번데기, 성충으로 변하는 과정을 직접 관찰하고 기록하게 합니다. 이를 통해 동물의 한살이를 실제로 체험하며 학습할 수 있습니다. TEACHERVILLE
2. **동물 한살이 역할극**: 학생들을 여러 동물의 한살이 단계(예: 알, 애벌레, 번데기, 성충)로 나누어 각 단계의 특징과 변화를 몸으로 표현하는 역할극을 진행합니다. 이를 통해 동물의 성장 과정을 재미있게 이해할 수 있습니다.
3. **한살이 순서 카드 게임**: 여러 동물의 한살이 단계를 그림으로 표현한 카드를 제작하여 학생들이 올바른 순서로 배열하는 게임을 진행합니다. 이를 통해 동물의 성장 단계를 시각적으로 학습할 수 있습니다.
4. **동물 한살이 관찰 일기 쓰기**: 학생들이 주변에서 쉽게 관찰할 수 있는 동물(예: 개구리, 나비 등)을 선택하여 한살이 과정을 관찰하고 일기로 기록하게 합니다. 이를 통해 관찰력과 기록 능력을 향상시킬 수 있습니다.

[그림 1] 수업 아이디어를 위해 ChatGPT 사용 사례

제 딸도 현재 대학 3학년인데, ChatGPT로 프로그래밍 코드를 작성하고 수정하거나 데이터를 분석하여 프로그램을 개발하고 있습니다. 이제 ChatGPT 없이는 효율적으로 일을 진행하기 어렵다고 말할 정도입니다.

최근 ChatGPT를 비롯한 다양한 AI 기술이 등장하면서, 글쓰기뿐만 아니라 그림 그리기, 음악 작곡, 동영상 제작 등도 손쉽게 할 수 있는 시대가 되었습니다. 이처럼 새로운 콘텐츠와 아이디어를 생성하는 AI를 생성형 AI라고 합니다.

요즘에는 법률 전문가와 의료 전문가들도 생성형 AI를 활용하고, 신문 기사를 작성하거나 AI 아나운서가 뉴스와 일기예보를 진행하는 사례도 늘어나고 있습니다. 심지어 광고 제작까지 생성형 AI로 이루어지며, 우리의 일상에 깊숙이 자리 잡고 있습니다.

이처럼 편리하고 놀라운 생성형 AI의 등장으로, 학부모들 사이에서는 여러 가지 질문이 쏟아지고 있습니다. 예를 들어;

- 우리 아이가 ChatGPT나 뤼튼 같은 AI로 숙제를 하는데 괜찮을까요?
- 아이가 ChatGPT를 이용해 외국어를 공부할 때, 어떤 점에 주의해야 하나요?
- ChatGPT가 때로는 거짓 정보를 제공한다고 하던데, 그래도 사용해도 될까요?
- ChatGPT가 생각을 대신해줘서 아이들이 더 이상 생각하지 않고 물어보고 답만 찾지 않을까요?
- 생성형 AI 때문에 아이들이 책을 읽고 싶어하지 않을까 걱정이에요.
- AI 시대에 아이들은 어떤 직업을 가지게 될까요?

이처럼 질문들만 보더라도, 빠르게 변화하는 시대에 우리 아이들을 어떻게 교육해야 할지에 대해 부모님들의 고민이 깊다는 것을 알 수 있습니다.

최근 AI 디지털 교과서 도입을 둘러싸고 기대와 우려가 교차하고 있습니다. 학생들에게 맞춤형 학습을 제공할 수 있을 것이라는 기대가 있는 반면, 디지털 기기 사용 증가와 과몰입, 그리고 학생과 교사 간 상호작용 약화에 대한 우려도 함께 제기되고 있습니다. AI 시대를 맞아 우리의 교육이 올바른 방향으로 나아가고 있는지, 혹은 길을 잃고 있는 것은 아닌지 고민이 깊어지고 있습니다.

AI의 발전은 윤리적 문제, 창의성 논란, 그리고 인간의 역할에 대한 깊은 고민을 불러일으키고 있습니다. 많은 사람이 AI로 인해 자신의 일자리를 잃을까 봐 불안해하고, 창의성이라는 인간 고유의 영역까지 AI에게 빼앗길까 봐 좌절감을 느끼고 있습니다. 이러한 변화의 흐름 속에서 우리는 무엇을 배우고, 또 무엇을 가르쳐야 할까요? AI가 초래할 수 있는 문제들이 염려스러워서 아이들이 AI를 사용하는 것을 금지하는 것이 과연 올바른 해결책일까요?

우리는 새로운 기술을 받아들이고 적응하는 데 있어 어떤 태도를 가져야 할지 함께 고민해볼 필요가 있습니다. 사실, 과거에도 혁신적인 기술이 처음 등장했을 때 사람들은 의구심을 품거나 두려움을 느끼기도 했습니다. 하지만 결국에는 그 기술들을 받아들이고 활용하며 발전을 이루어낸 사례가 많았죠.

가장 대표적인 사례로는 산업혁명 시기의 기계 도입을 들 수 있습니다. 18세기 후반, 증기기관과 같은 혁신적인 기계가 등장하며 공장 시스템이 자리 잡기 시작했습니다. 당시 많은 노동자는 기계가 자신의 일자리를 빼앗아갈까 두려워했습니다. 이런 두려움은 기계 파괴 운동으로 이어지기도 했죠. 그러나 시간이 흐르며 사람들은 기계를 효과적으로 활용하는 방법을 배웠고, 이를 통해 산업이 크게 발전하며 새로운 일자리와 기회가 생겨났습니다.

또 다른 예로는 20세기 중반의 컴퓨터와 인터넷 도입을 들 수 있습니다. 초기 컴퓨터는 사용하기 어려운 복잡한 기계였고, 많은 사람은 컴퓨터가 인간의 역할을 대체할 것이라는 우려가 있었습니다. 하지만 컴퓨터 기술이 발전하고 인터넷이 보편화되면서 사람들은 이를 활용해 다양한 산업과 사회적 변화를 이끌어냈습니다. 특히 인터넷은 정보 접근성을 크게 높이고 전 세계 사람들을 연결하며 경제, 교육, 문화 전반에 혁신을 가져왔습니다.

AI 시대를 맞이한 지금, 두려움보다는 배우고 적응하려는 마음가짐으로, 회피보다는 책임감 있게 기술을 활용하며 발전의 방향으로 나아간다면, AI는 단순히 인간을 대체하는 도구가 아니라, 우리에게 새로운 가능성을 열어주는 촉매제가 될 수 있습니다.

AI가 모든 정답을 제공할 수 있는 시대에, 과연 우리 아이들에게 필요한 능력은 무엇일까요? AI는 이제 단순히 지식을 외우고 반복하는 인간의 능력을 대신합니다. 그렇기에 우리 교육의 초점은 아이들에게 새로운 질문을 던지고, 창의적으로 사고하며, 인간만의 고유한 능력을 키우는 방향으로 나아가야 합니다.

딥시크 충격, 그리고 한국 교육이 나아가야 할 길

최근 인공지능(AI) 분야에서 중국의 스타트업 딥시크(DeepSeek)가 몰고 온 충격이 거셉니다. 불과 몇 달 전까지만 해도 인공지능(AI) 혁신은 미국의 전유물처럼 보였습니다. 하지만 중국의 딥시크 AI가 등장하면서 이 고정관념은 완전히 깨졌습니다. 단 600만 달러, 즉 미국 AI 기업들이 투자하는 비용의 10분의 1도 되지 않는 비용으로 ChatGPT와 맞먹는 성능의 AI 모델을 탄생시킨 것입니다. 전 세계가 경악했고, AI 산업을 지배하던 미국 IT 공룡들조차 흔들렸습니다. 대표적으로 엔비디아의 주가는 하루 만에

17% 급락하여 시가총액 6,127억 달러(약 815조 원)가 증발했습니다. 이는 미국 증시 역사상 최대 기록이 되었습니다.

이것이 단순히 AI 업계의 변화로만 보일 수 있습니다. 하지만 우리는 여기에 더 깊은 질문을 던져야 합니다. 딥시크의 혁신은 우리 교육에 무엇을 시사하는가? 우리의 아이들은 지금 시대의 변화에 적응할 수 있는가?

딥시크의 개발 방식은 기존 AI 개발 패러다임을 뒤흔들었습니다. 더 많은 자원을 투입하는 것이 아니라, 더 스마트한 방식을 선택했습니다. AI 학습을 위해 무작정 방대한 데이터를 투입하는 대신, 고품질 데이터를 선별하여 학습시키는 전략을 택했습니다. 이는 단순한 반복 학습이 아니라, 효율적인 학습 방법이 얼마나 중요한지를 보여주는 사례입니다. 딥시크가 기존 AI 기업들과 차별화된 점은 '양'이 아닌 '질'에 집중했다는 것입니다. 무작정 방대한 데이터를 학습시키는 대신, 스스로 데이터를 찾아 학습하는 '강화학습' 기법을 적용했습니다.

그렇다면 우리 교육은 어떤가요?

우리 아이들은 초등학교 때부터 엄청난 양의 지식을 암기하며, 문제집을 끝없이 풀어야 합니다. 하지만 이 방법이 과연 효율적인가요? 앨빈 토플러(Alvin Toffler)는 한국 교육의 비효율성을 지적했습니다. 그는 "한국 학생들은 하루 15시간 동안 학교와 학원에서 미래에 필요하지 않을 지식과 존재하지도 않을 직업을 위해 시간을 낭비하고 있다"라고 비판했습니다. 미래 사회에서 필요한 것은 많은 지식을 쌓는 것이 아니라 스스로 문제를 해결하는 능력, 새로운 시각으로 접근하는 창의성이 필요하다는 것을 이야기합니다.

딥시크의 팀 구성도 흥미롭습니다. 오픈AI 같은 글로벌 기업들이 수천 명의 연구 인력을 동원하는 반면, 딥시크는 단 139명의 연구원만으로 이 성과를 이뤄냈습니다. 더욱 놀라운 점은 이들이 대부분 해외 유학 경험이 없는 중국 국내파 젊은 인재들이라는 것입니다. 그런데도 그들은 새로운 접근 방식과 창의적 해결법으로 AI 혁명을 일으켰습니다.

그러나 우리는 여전히 학벌과 스펙에 집착하고 있습니다. 하지만 이제는 누가 더 창의적인가, 누가 더 문제 해결 능력이 뛰어난가가 중요해지는 시대입니다. 우리 교육도, 우리 사회의 생각도 변해야 합니다.

그리고 '비용'이 아니라 '방법'의 문제를 생각해 볼 수 있습니다. "더 많은 돈을 투자해야 교육이 좋아진다." 우리는 이 말을 너무나 당연하게 받아들였습니다. 하지만 딥시크는 정반대의 메시지를 던집니다. 단 600만 달러로 ChatGPT급 AI를 개발했습니다. 딥시크는 더 많은 돈이 아니라, 더 나은 방법이 중요하다는 것을 보여주었습니다. 한국 교육은 여전히 지식의 양을 중시하는 주입식 교육에 머물러 있습니다. 무조건 많은 시간을 공부에 투자한다고 해서, 혹은 무조건 많은 학원을 다닌다고 해서 성과가 보장되는 것은 아닙니다. 중요한 것은 "어떻게 공부하는가?, 무엇을 배우는가?, 왜 배우는가?"입니다. AI가 수능 문제를 풀어주고, AI가 논문을 요약해 주는 시대가 되었습니다. 이제 우리는 단순한 지식 암기를 넘어, AI를 활용하여 문제를 해결하는 능력을 키워야 합니다.

교육이 바뀌어야 합니다. 이를 위해서는 학부모와 교사들이 먼저 변해야 합니다. 우리는 아이들에게 "좋은 대학을 가야 성공한다."는 말을 너무 오래 해왔습니다. 하지만 딥시크의 사례를 보면, 해외 명문대 학벌 없이도, 수백 명의 연구자가 없어도 세계적인 기술 혁신을 만들 수 있었습니다. 그러므로 이제는 학부모는 아이가 호기심을 가질 수 있도록 환경을 만들어주어야 하며, 교사는 기존의 교육 방식을 넘어 창의적인 수업을 시도해야 합니다. AI 시대에 필요한 것은 비판적 사고력, 창의성, 그리고 문제 해결 능력입니다. 암기와 반복 훈련만으로는 더 이상 살아남을 수 없습니다.

딥시크가 몰고 온 충격을 우리 교육 개혁의 기회로 삼아야 합니다. 지금, 딥시크 AI는 우리에게 중요한 메시지를 던졌습니다. AI가 인간의 지식을 뛰어넘고 있는 지금, 우리 교육이 변화하지 않는다면 아이들은 경쟁에서 밀려날 것입니다. 하지만 희망은 있습니다. 우리는 이미 AI 기술을 활용할 수 있으며, 창의적인 인재를 키울 방법을 알고 있습니다. 이제 중요한 것은 학부모와 교사들이 먼저 변화하는 것입니다. 이제 중요한 것은 '얼마나 많은 지식을 외웠는가?'가 아니라 '어떻게 새로운 가치를 창출할 것인가?'입니다. 우리 아이들이 미래 사회에서 주도적인 역할을 하도록 하려면, 교육을 바꿔야 합니다.

양보다 질, 지식보다 창의성.

이것이 바로 딥시크가 우리 교육에 던지는 가장 강력한 메시지입니다.

AI는 도구다: 상상을 현실로 만드는 힘

AI는 더 이상 단순한 기술이 아닙니다. 우리의 상상을 실현하고, 불가능을 가능하게 만드는 강력한 도구입니다. 미국 '콜로라도 주립 박람회 미술 대회'에서 디지털 아티스트 부문 1등을 차지한 '스페이스 오페라 극장'이라는 작품이 큰 화제를 모았습니다. 이 작품이 생성형 AI인 미드저니를 활용해 만들어졌다는 사실이 알려지면서 논란이 일었습니다. 미드저니는 간단히 설명문을 입력하면 몇 초 만에 그림을 완성해주는 AI 프로그램입니다. 그렇다면, 이 작품을 과연 창의성이 발휘된 예술로 볼 수 있을까요? 아니면 단순히 AI가 만든 제품으로 봐야 할까요?

[그림 2] '스페이스 오페라 극장' (출처: 위키피디아)

이 질문은 많은 논쟁을 불러일으켰지만, 결국 이 작품은 창작품으로 인정받았습니다. 작품을 만든 앨런은 이 그림을 완성하기 위해 900번이 넘는 명령어를 입력하고, 그 결과물을 확인하며 수정해 나가는 과정을 거쳤다고 합니다. 그는 단순히 AI에게 "미술대회에서 1등할 수 있는 멋진 그림을 그려달라"고 요청한 것이 아니라, 자신의 머릿속에 있는 상상력을 AI와의 끊임없는 대화를 통해 구체화하고 정교하게 다듬어 나갔습니다.

이 작품이 예술로 인정받은 이유는 그림 자체가 아니라, 이를 창작하는 과정에서 드러난 창의성 때문일 것입니다. 여러분은 어떻게 생각하시나요?

학교에서 아이들을 가르치다 보면, 그림 실력이 부족한 아이들은 미술을 싫어하게 됩니다. 자신이 표현하고 싶은 것이 머릿속에 있으나 그것을 실제로 표현하는 단계에 가서는 기능이 부족해서 형편없는 그림을 그리게 되고 "망했어", "그림 그리기 싫어요"라는 말을 하게 됩니다. 그런데 이런 아이가 AI의 도움을 받아서 자신이 표현하고 싶은 것을 표현하게 된다면 그 아이는 자기 상상력을 마음껏 사람들에게 나타내고 알릴 수 있을 것입니다. 어차피 우리 아이들은 AI와 함께 살아갈 세대입니다. AI를 더 이상 두려워하거나 거부한다고 문제가 해결되지 않습니다. 오히려 자기 생각을 발전시키고 현실화하는데 AI를 활용할 수 있어야 합니다.

초등학생들도 사용할 수 있는 생성형 AI 도구인 뤼튼(Wrtn)을 활용하여 시화를 완성하는 수업을 진행한 적이 있습니다. 아이들과 함께 시와 관련된 수업을 진행한 후, 자신이 쓴 시에 어울리는 그림을 그려 시화를 완성하는 활동이었습니다. 이 과정은 감정과 생각을 그림으로 표현하며 아이들의 시각적 창의력을 키우고, 상상력을 마음껏 발휘할 수 있도록 돕는 데 큰 의미가 있습니다.

시라는 언어적 표현을 시각적으로 재해석하는 과정은 창의적 사고와 표현의 즐거움을 동시에 경험할 기회를 제공합니다. 하지만 막상 시화를 그리려면 많은 시간이 소요되고, 그림 실력에 자신이 없는 아이들은 쉽게 지치거나 "망쳤다"며 속상해하는 경우도 있었습니다. 아이들이 오랜 시간을 들여도 만족스러운 결과를 얻지 못해 실패의 경험으로 남는 모습을 보면 안타까울 때도 있었습니다.

물론, 그림을 그려보면서 표현력과 기능을 발전시키는 것이 주요 목표라면 다른 이야기겠지만, 이 활동의 목표가 시를 시각적으로 잘 표현하는데 있다면, 아이들의 상상력을 보다 쉽고 만족스럽게 구체화할 수 있도록 돕는 것이 더 의미가 있을 것입니다.

[그림 3] AI를 활용하여 시화만들기

AI 도구는 이러한 문제 해결에 도움을 줄 수 있습니다. 사용자가 원하는 그림을 만들기 위해 상세한 설명이나 지시를 입력하는 과정을 프롬프트(prompt)라고 부르는데, 이는 마치 AI와 대화하듯 자신이 상상하는 이미지를 글로 표현해 전달하는 과정이라 할 수 있습니다. AI를 활용하면 아이들은 자신의 상상력을 시각적으로 표현하며, 멋진 시화를 쉽게 완성할 수 있습니다. 아이들이 AI에게 자신이 원하는 그림을 그려달라고 명령하고 자기가 시의 내용을 잘 표현하는 그림을 AI가 그렸을 때 그것을 이용해서 시화를 완성하였습니다. 짧은 시간 안에 멋진 그림을 완성한 아이들은 매우 만족해했습니다.

물론 처음에는 AI에게 자신이 원하는 것을 정확하게 전달하는 방법을 모른 채 사용하기 시작합니다. 예를 들어 "고양이를 그려줘."라고 명령어를 써도 AI가 고양이를 멋지게 그려줍니다. 그런데 아이는 자신이 원하는 고양이의 모습이 있을 겁니다. 그러면 고양이에 대해 좀 더 자세하게 설명하게 됩니다.

- 고양이의 모습: 귀여운 고양이, 웃고 있는 고양이, 화가 난 고양이
- 고양이의 행동: 우유를 먹고 있는 고양이, 소파에서 장난치는 고양이
- 상상의 모습: 썬글래스를 끼고 피아노를 치고 있는 고양이, 자전거를 타고 가는 고양이, 책을 읽고 있는 고양이

달리3라는 그림 그리는 AI로 고양이, 웃고 있는 고양이, 썬글라스를 끼고 피아노를 치고 있는 고양이를 그려달라고 명령해서 그림을 그려보았습니다.

[그림 4] 달리3로 그린 고양이

AI를 활용하면서 자신이 원하는 것을 점점 더 구체적으로 표현하고, 이를 통해 대화를 이어가는 경우가 많습니다. 이렇게 AI를 사용하다 보니, 자연스럽게 의사소통 능력이 향상되는 아이들도 있었습니다.

중요한 것은 AI 도구를 얼마나 많이 사용하는지가 아니라, 우리의 창의성과 상상력을 실현하는 능력입니다. AI를 개인 비서처럼 활용할 수 있는 능력은 아이들이 자기 아이디어를 구체화하고 현실로 만드는 핵심 역량이 될 것입니다.

그러나 AI를 무분별하게 사용하는 것은 바람직하지 않습니다. 교사와 학부모는 AI의 장점을 신중하게 평가하고, 아이들의 학습과 성장에 실질적으

로 도움이 되는 부분을 찾아 적절히 활용해야 합니다. AI는 단순한 도구가 아니라, 인간의 창의적 잠재력을 극대화하는 방식으로 활용해야 합니다.

변화를 기회로: 생각과 태도 바꾸기

노키아라는 회사를 아십니까? 노키아는 1998년부터 2011년까지 14년간 세계 휴대폰 시장 1위를 차지했던 세계적인 기업이었습니다. 그러나 지금은 거의 사라졌습니다. 그 이유는 아이폰이 세상에 나오면서 스마트폰 시장의 변화를 제대로 인지하지 못하고 안주하며 근본적인 혁신을 외면하였기 때문입니다. 노키아가 스마트폰 혁신을 놓치며 시장에서 밀려난 것처럼, AI 시대의 변화도 기존의 관성을 고수하는 이들에게는 위기가 될 수 있습니다. 하지만 변화를 빠르게 받아들이고 새로운 가능성을 탐구하는 이들에게는 기회가 됩니다.

AI 시대의 변화는 그 어느 때보다 빠르고 급진적입니다. 이런 시대에 교육의 핵심은 아이들에게 변화를 두려워하지 않고 기회로 받아들이는 마인드를 길러주는 것입니다.

AI는 우리 삶을 순식간에 바꾸고 있습니다. 처음엔 낯설고 불안할 수 있지만, 그 속에는 무한한 가능성이 숨어 있습니다. 중요한 것은 우리의 태도입니다. 'Change(변화)'를 'Chance(기회)'로 바라보는 관점의 전환이 필요합니다:

- g(gravity: 중력): 두려움은 우리를 아래로 끌어내려 성장을 가로막습니다.
- e(exploration: 모험): 호기심과 용기로 새로운 세계를 탐험할 때, 우리는 더 큰 성장의 기회를 발견할 수 있습니다.

변화를 두려워하지 말고, 새로운 가능성을 향한 도전으로 받아들여야 합니다. 우리의 생각과 태도를 바꾼다면 변화하는 시대는 우리 아이들에게 새로운 기회의 장이 될 것입니다.

새로운 관점으로 우리에게 큰 영향을 준 인물이 있습니다. 현대 미술의 혁명적 변화를 이끈 가장 영향력 있는 예술가 중의 한 사람인 마르셀 뒤샹이라는 미술가입니다. 뒤샹의 작품 중에 가장 유명한 것이 1917년 작품인 '샘(Fountain)'입니다.

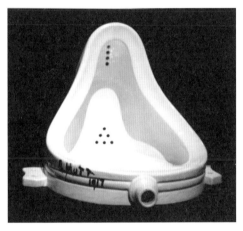

[그림 5] 마르셀 뒤샹의 "샘" (출처: 위키피디아)

뒤샹은 남성용 소변기를 구입한 후에 'R. Mutt 1917'이라는 서명을 하고 '샘(Fountain)'이라는 제목을 붙여 뉴욕의 독립미술가 협회가 주관하는 전시회에 출품했습니다. 이 협회는 매우 진보적인 미술가 단체로, 모든 작가에게 공평한 전시 기회를 제공하는 것을 목표로 삼고 있었습니다. 그래서 작품 심사 없이 참가비만 내면 누구든지 작품을 출품할 수 있도록 하였습니다. 그러나 이 작품이 전시회에 출품되자 독립미술가 협회 위원들은 매우 화가 났습니다. 아무리 원하는 대로 전시회에 참가할 수 있다고 해도 자신이 만들지도 않고 기성품을 구입해서 사인만 한 것을 전시회에 출품한다는 것은 도저히 용납할 수 없는 것이었습니다. 결국, 이 작품은 예술이 아니라는 이유로 전시가 거부되었습니다.

과연 예술 작품이란 무엇인가? 이 작품이 처음 공개된 시기는 예술이란 예술가의 손을 거쳐서 만들어져야 한다는 것이 기본적인 관념이었습니다. 여기서 예술가의 손을 거쳐야 한다는 것은 예술가가 어떤 대상을 보고 그것을 직접 만들어야 한다는 뜻이었습니다. 그렇기에 '샘'은 예술이라고 할 수 없다는 평을 듣게 된 것입니다. 하지만 뒤샹은 이 작품을 통해 예술에서 중요한 것은 대상을 만드는 것이 아니라 개념을 만드는 것이라고 주장했다. 예술가의 '선택' 자체가 창작행위가 될 수 있다는 새로운 관점을 제시한 것입니다.

예술은 인간이 의미를 부여할 때 비로소 존재합니다. AI 시대에, AI보다 더 잘 그리고 더 뛰어나려고 경쟁하다 보면 결국 우리는 뒤처질 수밖에 없습니다. 우리가 살 길은 AI보다 뛰어나기 위해 노력하는 것이 아니라 인간의 의미를 부여하는 것입니다. 자동차나 로봇보다 더 빨리 달리거나 더 능숙하게 일하려 하기보다, AI를 잘 활용하며 인간만이 가질 수 있는 가치와 의미를 찾고 창출하는 것이 우리가 나아가야 할 길입니다. 미래는 기술이 아니라, 의미를 창조하는 사람의 것입니다.

창의성은 단순히 새로운 것을 만들어내는 것이 아닙니다. 어떤 사물이나 아이디어에 의미를 부여하는 힘이 창의성의 핵심입니다. 아이들에게는 세상을 다르게 보는 눈과 자신만의 의미를 발견하는 능력이 중요합니다.

AI는 이제 단순한 기술이 아니라, 상상력을 실현하고 불가능을 가능하게 만드는 도구입니다. 그러나 AI는 의미를 창조하는 인간의 능력을 대체할 수는 없습니다. 아이들에게 가르쳐야 할 것은 AI를 두려워하지 않고, 경쟁 대상으로 여기지 않는 태도입니다. 대신 AI를 자신만의 상상력과 창의성을 실현하는 협력자로 삼아야 합니다.

미래는 기술이 아닌, 의미를 창조하는 사람들의 것입니다.

오늘부터 우리 아이들과 함께 작은 실천을 시작하세요. 그들이 기술과 조화를 이루며 상상력과 창의력을 마음껏 펼칠 수 있도록 곁에서 도와주세요.

미래 교육: 미래를 살아갈 아이들에게 필요한 것

미래 교육은 단순히 AI나 디지털 도구를 활용하는 것만을 의미하지 않습니다. 미래 교육의 본질은 우리 아이들이 다가올 세상에서 꼭 필요한 역량을 갖추도록 돕는 데 있습니다. 현재 우리 아이들이 학교에서 배우는 내용이, 그들이 사회에 나갔을 때 과연 어떤 도움이 될까요? 이것은 아이들만의 문제가 아닙니다. 우리의 책임은 아이들이 의미 있는 삶을 살 수 있도록 준비시키는 것입니다.

국내외 많은 기관과 전문가들이 이 문제에 대한 해법을 제시하고 있습니다. 그중에서도 특히 주목받는 것이 OECD의 '교육 2030: 미래 교육과 역량' 프로젝트입니다. 이 프로젝트는 각국이 미래에 필요한 지식과 기술은 무엇인지, 그리고 학생들에게 어떠한 태도와 가치를 길러줘야 건강한 미래 사회를 만들 수 있을지를 탐구하고 있습니다. 여기서 강조하는 미래 교육의 핵심은 단순히 지식을 암기하는 데서 끝나는 것이 아니라, 아이들이 실제 삶에서 지식을 적용하고 변화를 이끌어낼 수 있는 역량을 키우는 것입니다. AI에게 무엇이든 물어보면 즉시 답을 얻을 수 있기 때문에, 단순한 지식 암기의 시대는 의미를 잃어가고 있습니다.

미래 교육의 핵심은 단순한 지식 암기를 넘어 실제 삶에서 적용 가능한 역량을 키우는 것입니다. 핵심 기초(Core Foundations)는 미래 사회를 살아가는 데 필수적인 기본 능력으로, 전통적인 문해력과 수리력뿐만 아니라 디지털 리터러시, 데이터 리터러시, 건강 리터러시까지 포함합니다. 여기서 문해력은 단순히 글을 읽고 이해하는 것을 넘어, 비판적으로 사고하며 정보를 활용하는 능력을 의미합니다. 수리력은 단순한 숫자 계산을 넘어, 일상의 문제를 논리적으로 해결하는 데 활용되는 능력입니다. 디지털 리터러시는 디지털 환경에서 정보를 수집, 분석하고 창의적으로 활용하는 능력을 의미합니다. 데이터 리터러시는 데이터를 이해하고 해석하며, 이를 통해 올바른 결정을 내리는 능력입니다. 건강 리터러시는 건강과 관련된 정보를 이해하고, 이를 통해 삶의 질을 향상시키는 능력입니다.

학생들은 '핵심 기초 기능'을 바탕으로 사회를 변화시키고, 더 나은 미래를 만들어 가는 데 필요한 '변혁적 역량'을 길러야 합니다. 변혁적 역량은 '새로운 가치 창출하기', '갈등과 딜레마 조정하기', '책임감 갖기'로 구성됩니다. '새로운 가치 창출하기'는 현재의 상태에 의문을 품고, 협력과 혁신을 통해 더 나은 미래를 만들어가는 능력을 의미합니다. '갈등과 딜레마 조정하기'는 복잡한 문제 속에서 대안을 찾아내고, 단기적 이익과 장기적 관점을 균형 있게 사고를 통해 조화로운 해결책을 모색하는 능력입니다. 마지막으로, '책임감 갖기'는 자신의 행동과 선택에 대해 성찰하고, 그 결과에 책임을 질 수 있는 태도를 뜻합니다. 이러한 변혁적 역량은 단기간에

습득할 수 있는 것이 아닙니다. 전 생애에 걸쳐 다양한 상황에서 반복적으로 학습하고 활용해야 합니다.

우리 아이들의 미래는 우리가 제공하는 교육에 따라 달라질 것입니다. 교육은 단순히 개인의 성공을 위한 도구가 아닙니다. 교육은 나와 공동체, 나아가 세계를 변혁시키는 강력한 힘이어야 합니다. 우리 아이들이 새로운 가치를 창출하고, 갈등을 해결하며, 책임감을 기를 수 있도록 돕는 것이야말로 우리가 지향해야 할 교육의 방향입니다. 이러한 교육이 제대로 이루어진다면, 우리의 아이들은 미래 사회를 주도할 역량을 갖춘 인재로 성장할 것입니다. 그리고 그들이 만들어갈 세상은 우리가 꿈꾸는 것보다 더 아름답고 희망찬 세상이 될 것입니다. 미래를 준비하는 교육, 그것은 단지 아이들을 위한 일이 아닙니다. 우리의 사회와 세상을 위해 반드시 필요한 변화입니다.

오늘 미래로 한 걸음 나아가기

교육은 아이들에게 AI를 경쟁 상대로 인식하도록 하는 것이 아니라, 협력하는 도구로 활용하는 법을 가르쳐야 합니다. 말과 경주하는 것이 아니라, 말에 올라타는 법을 배우는 것이 중요합니다.

아이들에게 무엇인가를 억지로 가르치려고 하기보다, 함께 배우고 새로운 것을 시도하는 동반자가 되어주세요. 우리 아이들이 기술과 조화를 이루며 상상력과 의미를 더해가는 과정에서, 세상은 더욱 놀라운 곳이 될 것입니다.

기존의 지식 암기와 단순 기능 습득 위주의 교육 방식으로는 변화하는 시대에 대응할 수 없습니다. 따라서 학력 패러다임의 질적 전환이 필요합니다.

우리는 궁금한 것이 있을 때 어떻게 해결할까요? 교과서에서 학생들에게 새로운 지식을 습득하는 방법으로 제시하는 내용은 도서관에 가서 책을 찾아본다. 뉴스나 기사를 찾아본다. 내용을 잘 아는 사람들에게 물어본다. 인터넷에 검색해본다. 이렇게 제시되고 있지만 실제로 모든 아이는 핸드폰에서 구글, 네이버, 유튜브 등을 검색해서 새로운 지식에 대해 알아봅니다. 그런데 실제로 검색하면 바로 답이 나오나요? 내가 알고 싶은 답이 나오는 것이 아니라 관련 사이트나 영상을 추천해줍니다. 우리는 검색된 자료를 읽어보거나 영상을 보면서 내가 원하는 정보를 찾게 됩니다. 그런데 AI 시대에는 이런 수고가 필요 없습니다. 이제는 AI 검색을 통해 즉시 답을 얻을 수 있습니다. 대표적인 도구가 퍼플렉시티라는 도구입니다. 퍼플렉시티에 내가 궁금한 것을 단어나 문장으로 요구하면 인터넷 자료를 검색해서 AI가 정리해서 그 결과를 알려줍니다. 그리고 결과들을 어떤 자료를 참고했는지 출처까지 밝혀줍니다. 예를 들어 "이순신 장군의 승리한 큰 전투를 표로 정리해줘"라고 했더니 여러 자료를 검토해서 자료를 정리해주었습니다.

[그림 6] 퍼플렉시티 검색 결과

AI 시대에 과거처럼 지식을 얼마만큼 많이 외우고 기억하는 것이 얼마나 의미가 있을까요?

과거에는 정답을 외우고 지식을 쌓는 것이 교육의 핵심이었습니다. 그러나 이제 AI가 단 몇 초 만에 방대한 정보를 제공하는 시대가 되었습니다. 이제는 정답을 찾는 능력보다 '왜?'라는 질문을 던지는 호기심이 더 중요합니다. JP모간의 메리 캘러한 에르도스 CEO는 AI 시대에서 '호기심(Curiosity)'이 가장 중요할 것이라고 이야기하면서 "AI 시대에 살아남는 자와 도태되는 자의 차이는 호기심에서 갈린다"고 강조하였습니다. 그렇다면 우리의 역할은 무엇일까요? 아이들에게 정답을 주기보다 질문을 던지는 법을 가르쳐야 합니다. "왜 나뭇잎은 초록색일까?, 가을에는 왜 나뭇잎 색이 변할까?, 왜 물방울은 항상 둥글게 보일까?, 만약 동물들이 말을 할 수 있다면 어떤 이야기를 할까?"라는 질문 속에서 아이들은 탐구의 즐거움과 창의성을 배울 수 있습니다.

AI는 데이터를 분석해 시를 만들거나 복잡한 문제를 해결할 수 있지만, 인간의 경험에서 우러나는 창의성과 감정 표현은 따라 할 수 없습니다. 예를 들어, AI는 '엄마 품의 온기'를 느끼며 쓰는 아이의 시를 재현하지 못합니다. 주말마다 아이와 산책하며 "구름이 어떻게 변할 것 같아?"라고 묻고, AI로 예측 결과를 확인한 뒤 상상력으로 이야기를 꾸리는 것은 창의성과 과학적 탐구력을 동시에 키우는 실천법입니다.

학부모와 교사의 역할이 변화해야 합니다. 아이에게 "너 이 숙제 ChatGPT로 해결했니?"라고 AI를 사용하지 못하도록 통제하기보다, "AI가 알려준 정보 중 가장 신기했던 것은 뭐야?"라고 물으며 대화를 이끌어 내야 합니다. 구글의 알파폴드(AlphaFold)가 300번의 시행착오 끝에 단백

질 구조를 해독한 것처럼, 아이들에게 '실패는 배움의 일부'라는 인식을 심어주는 것이 중요합니다.

오늘, 우리 아이들의 미래를 위해 시작하세요. 일상 속 작은 습관이 미래를 바꿉니다. 아침 10분은 "바람이 왜 불지?, 오늘 하늘은 왜 이렇게 파랄까?, 구름은 왜 하늘에 떠 있을까?, 구름은 얼마나 무거울까?, 왜 바닷물은 짠데 강물은 짜지 않을까?"라는 질문으로 시작해 과학적 원리를 찾고, 예술적 표현으로 그림을 그리며 호기심의 씨앗을 심어주세요. 저녁 20분은 가족과 함께 "할아버지의 어린 시절 이야기"를 ChatGPT로 작성하고, AI 도구로 그림책을 만들어 디지털 리터러시와 공감 능력을 키우는 시간으로 활용합니다. 잠들기 전에는 "오늘 느낀 감정을 색깔로 표현한다면?"이라는 질문으로 AI 추천 색상 팔레트를 통해 감정을 시각화해 보세요.

AI가 만들어낸 그림책에는 할머니의 목소리가 담긴 이야기, 아빠와 함께 웃으며 고민한 흔적, 그리고 AI가 창작한 그림 속에 스며든 온기가 있습니다. 이것이 바로 '인간의 빛'입니다. 아이의 물음에 "네 생각은 어때?"라고 되물어주고, 실패할 때마다 "이게 진짜 배움이야"라며 포옹해 주세요. 눈물과 웃음이 있는 교육만이 AI 시대를 살아갈 힘을 길러줍니다. 호기심은 어둠을 밝히는 등대입니다. 배움의 여정에서 아이와 함께 등불을 들고 걸어가세요.

Click AI: AI와 함께 배우고 꿈꾸다.

미래는 아이들의 상상력과 창의력으로 빚어집니다. 이 책은 AI와 디지털 도구를 단순히 사용하는 방법을 알려주는 데 그치지 않습니다. 아이들이 스스로 생각을 펼치고, 자신만의 콘텐츠를 만들며 미래를 살아갈 핵심 역량을 키우도록 돕는 길잡이가 되고자 합니다. 막연히 AI가 가져올 디스토피아를 걱정하면서 AI를 멀리하거나 두려워할 필요가 없습니다. 오히려, 아이들과 함께 AI를 '창의력의 도구'로 삼아 불가능한 꿈을 현실로 만드는 경험을 선사해 봅시다.

AI는 이미 아이들의 학습과 놀이 속에 자연스럽게 스며들고 있습니다. 하지만 단순히 답을 찾거나 결과를 만들어내는 데 그친다면, 진정한 교육적 가치는 사라집니다.

이 책에서는 유아부터 초등학교 저학년, 고학년까지 아이의 호기심을 이끌어내는 활동에 초점을 맞추어 부모님이나 선생님들과 함께 사용할 수 있는 다양한 디지털 도구를 소개합니다. 실제 교육 현상에서 아이들에게 의미 있는 경험을 제공했던 도구들을 엄선하여, 총 20가지 주제로 정리하였습니다. 그러나 특정 연령대에 구애받지 않고, 아이들의 경험과 수준에 맞추어 여러 도구를 활용해 볼 수 있습니다. 더 나아가 책에서 제안하는 주제를 기반으로 새로운 활동을 구상하여 적용한다면, 아이들의 상상력과 창의력을 더욱 확장할 수 있습니다. 저희가 제안하는 주제를 뛰어넘어 마음껏 상상의 날개를 펴서 아이들이 그동안 하기 힘들었던 것이나 불가능한 것들을 AI와 디지털 도구의 힘을 빌려서 실현해보시기 바랍니다.

AI 및 디지털 도구 사용법은 간단하지만, 아이와 함께 탐구하며 "왜 이렇게 될까?", "이 도구를 사용하면서 어떤 점이 가장 재미있었어?", "더 멋지게 바꿀 수는 없을까?", "이 도구로 뭐든 만들 수 있다면, 무엇을 만들어 보고 싶어?", "오늘 만든 작품을 아빠(엄마)에게 자랑한다면 어떤 설명을 해주고 싶어?"라는 질문을 던져 보세요. 기능을 익히는 것보다 중요한 것은 과정 속에서 배우는 협업과 문제 해결입니다.

이 책의 진짜 목표는 아이들이 AI를 넘어서는 창의성을 발견하는 것입니다. 기술은 아이들의 생각을 구현하는 도구일 뿐, 의미를 부여하는 것은 언제나 인간입니다. 아이들은 AI와의 대화를 통해 구체적인 표현력과 비판적 사고를 키웁니다. 책에서 제안하는 활동을 넘어, 아이들이 스스로 주제를 정하고 AI와 협력해 프로젝트를 완성한다면, 그 과정 자체가 미래 역량의 밑거름이 될 것입니다.

책에서 소개하는 AI 도구를 쉽게 접할 수 있도록 'https://bit.ly/click-ai'라는 사이트를 제공하고 있습니다. 또한 QR코드를 활용하면 따로 검색하지 않아도 간편하게 원하는 AI 도구를 찾아 활용할 수 있습니다.

[그림 7] 도구 모음 사이트 및 QR코드

한 가지 유의할 사항은 AI 도구들은 연령 제한이 많이 있다는 점입니다. 특히 엔트리, 수노 AI, ChatGPT, 콴다 등은 회원가입 가능 연령이나 부모님 동의 등의 제한 요소가 있으니 부모님이 함께 사용하는 것이 좋습니다.

이 책을 통해 아이들이 AI와 디지털 도구를 창의적으로 활용하여 자기 생각을 표현하고, 미래를 준비하는 소중한 경험을 할 수 있기를 바랍니다. 아이들이 자유롭게 상상의 날개를 펼치고, AI를 통해 새로운 도전을 해볼 수 있도록 많은 관심과 지지를 부탁드립니다.

제**1**장

유아부터

학부모, 교사, 아이가 함께 보는
최신 AI 에듀테크 코스웨어 활용 가이드

구글 3D

스마트 폰으로 즐기는 3D 모험

갑자기 비가 쏟아져 나들이 계획이 무산된 날, 집 안에서 지루해하는 아이들을 보며 고민하신 적 있으신가요? 코로나 및 여러 감염병 등으로 외출이 어려웠던 시기에 아이들이 심심해하며 집 안에서 무엇을 할지 몰라 난감했던 순간은요?

구글 3D는 디지털 기술을 활용하여 집 안을 흥미로운 탐험 공간으로 바꿀 수 있는 도구입니다. 스마트 폰만 있으면 별다른 도구 없이 구글 검색창에 간단히 검색어만 입력하면 다양한 3D 콘텐츠를 체험할 수 있지요. 거실에서 공룡을 만나거나 아이들과 자유의 여신상이 있는 뉴욕으로의 순간이동을 하는 듯한 경험을 해 보세요. 생활 속 공간에 동물이나 유적지를 배치하고 아이들과 함께 사진을 찍으며 평범한 날들을 특별한 날로 만들어 보세요!

[그림 1-1] 구글 3D AR 사진

1. 구글 3D란?

[그림 1-2] 구글 3D AR 활용 모습

구글 3D는 스마트폰과 태블릿을 통해 다양한 3D 모델을 생생하게 경험할 수 있는 기술입니다. 별도의 앱 설치 없이도 구글 검색창에 간단히 키워드를 입력하면, 눈앞에서 움직이는 듯한 공룡, 동물과 같은 3D 콘텐츠를 볼 수 있습니다. 복잡한 기술을 몰라도 누구나 쉽게 접근할 수 있다는 점이 큰 장점입니다.

예를 들어 '사자 3D'를 검색하면 화면에 실감 나는 사자의 3D 모델이 나타나며, 이를 확대하거나 회전하면서 세부적으로 관찰할 수 있습니다. 이러한 직관적인 사용 방식 덕분에 아이들은 물론 어른들도 쉽고 재미있게 이용할 수 있습니다. 아이들이 책이나 화면에서만 보던 공룡이나 랜드마크를 직접 탐험하듯이 관찰할 수 있어, 학습에 대한 흥미를 높이고 기억에 오래 남는 경험을 제공합니다. 단순한 놀이를 넘어, 현실에서 접하기 어려운 대상을 가까이서 보고 이해할 수 있도록 돕는 도구이기도 합니다.

2. 구글 3D 활용하기

구글 3D로 동물을 관찰해 볼까요? 먼저 스마트폰이나 태블릿에서 구글 검색창을 열고 동물 이름을 입력한 뒤 검색을 실행합니다. 검색 결과 화면을 아래로 스크롤 하면 '3D 보기' 버튼을 발견할 수 있습니다. 이 버튼을 누르면 눈앞에 생동감 있게 움직이고 소리를 내는 동물이 화면에 나타납니다.

화면에 나타난 동물을 더욱 실감 나게 즐기고 싶다면 '내가 있는 공간에서 보기' 버튼을 눌러 보세요. 이 기능을 활성화하면 카메라를 사용해 실제 내가 있는 공간에서 동물을 AR로 볼 수 있습니다. 카메라를 평평한 바닥에 향하게 하고 천천히 움직여 보세요. 그러면 내 공간에서 동물이 '짠'하고 나타나게 됩니다.

동물이 어색한 위치에 있다면 손가락으로 드래그해 원하는 위치로 이동시킬 수 있습니다. 또한 손가락을 사용해 축소, 확대, 다양한 각도로 돌리기를 하면서 동물을 더욱 자세히 관찰할 수 있습니다. 스마트폰을 들고 동물 가까이에 다가가거나 멀어지면서 부분적인 관찰과 전체적인 관찰도 시도해 보세요. 단순히 보는 것을 넘어 동물과 함께 있는 듯한 생생한 탐험의 경험을 할 수 있습니다.

화면에 활성화된 카메라 버튼을 활용해 아이와 함께 특별한 사진을 찍어 보세요. 카메라 버튼을 누르는 순간, 동물과 함께 찍은 사진이 마치 동물원이 아닌 우리 집에서 촬영된 것처럼 보일 것입니다. 또 카메라 버튼을 길게 누르면 동영상 촬영도 가능합니다.

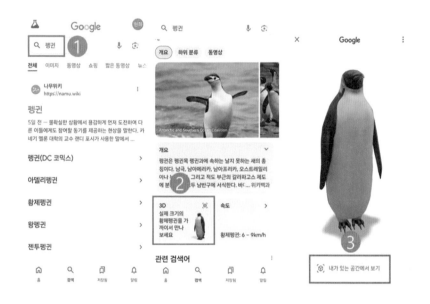

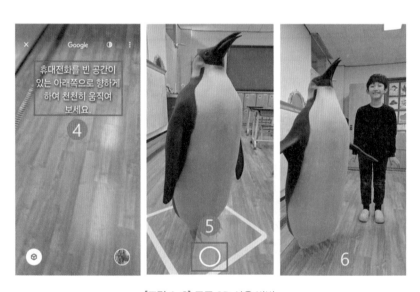

[그림 1-3] 구글 3D 사용 방법

3. 구글 3D 지원되는 항목

① 육상동물

호랑이, 대왕판다, 표범, 염소, 치타, 큰곰, 회색늑대, 셰틀랜드 포니, 뱀, 아라비아 말, 아메리카 너구리, 사슴, 고슴도치(hedgehog)

② 수중 및 습지 동물

청둥오리, 앨리게이터, 백상아리, 문어, 바다거북, 아귀(angler fish)

③ 조류

황제펭귄, 마코앵무새(macaw 또는 금강앵무)

④ 반려동물

포메라니안, 골든리트리버, 래브라도 리트리버, 로트와일러, 진돗개, 프렌치 불도그, 퍼그, 고양이 등

⑤ 랜드마크

- 미국: 자유의 여신상, 러시모어 산(대통령 조각상)
- 프랑스: 개선문, 몽생미셸 수도원, 에펠탑(eiffel tower)
- 일본: 도쿄타워, 도쿄 스카이트리
- 스페인: 사그라다 파밀리아
- 브라질: 구세주 그리스도상, 브라질리아 대성당

- 영국: 빅 벤(띄어쓰기!), 영국 스톤헨지(영국 꼭 붙이기)
- 이탈리아: 피사의 사탑
- 그리스: 파르테논 신전
- 독일: 노인슈반스타인 성

⑥ 공룡

파라사우롤로푸스, 벨로키랍토르, 브라키오사우루스, 트리케라톱스, 스
테고사우루스, 안킬로사우루스, 프테라노돈, 스피노사우루스, 딜로포사우
루스 등

현재 구글 홈페이지에서 지원되는 항목은 매우 다양하며 현존하는 동물
뿐만 아니라 지금은 사라진 공룡부터 과학 및 랜드마크에 이르기까지 폭넓
은 주제를 다룹니다. 시간이 지나면서 지원되는 목록이 꾸준히 확장되고
있으며 특정 이벤트와 연계된 특별 콘텐츠가 일시적으로 추가되기도 합니
다. 특히 일부 콘텐츠는 영어로 검색해야만 나타나는 경우도 있고 띄어쓰
기를 해야 '3D 보기'가 나오는 경우도 있습니다. 괄호에 영어나 주의사항
이 쓰여진 것들이 그 예입니다.

4. 활용을 위한 조언

구글 3D는 시간과 장소의 제약 없이 어디서나 사용할 수 있는 도구입니다. 집 안에서 공룡과 동물을 만나거나 랜드마크를 탐험하며 아이들과 특별한 경험을 만들어 보세요. 아이들이 배우고 있는 주제와 연관된 콘텐츠를 활용하면 학습 효과를 더욱 높일 수 있습니다. 랜드마크를 활용하여 역사적인 장소나 건축물을 탐험하며 문화적 이해를 높일 수도 있습니다. '왜 이 동물은 이렇게 움직일까?' 또는 '이 건축물은 어떤 이야기를 담고 있을까?'와 같은 질문이 아이들의 호기심을 자극할 수 있습니다. 온 가족이 함께 우리 아이의 학습과 창의력을 동시에 키워 보세요.

놀이처럼 배우는 영어, 수학

[그림 1-4] 칸 아카데미 키즈 메인화면

어린아이들과 식당에 가는 일은 부모에게 쉽지 않은 도전일 때가 많습니다. 특히 4~5살 아이들은 오래 가만히 앉아 있는 것을 힘들어하죠. 그래서 푸드코트나 식당에 가면 재미있는 장면을 자주 보게 됩니다. 바로 어린아이들이 패드를 들고 열심히 무언가를 보고 있는 모습이죠. 자세히 보면 대부분 재미있는 영상들인데요, 그 모습을 보며 이런 생각이 들었습니다. '단순히 영상을 보는 대신, 칸 아카데미 키즈 앱을 활용하면 어떨까?'

칸 아카데미 키즈는 무료 교육 어플로, 단순히 재미있는 콘텐츠를 제공하는 걸 넘어 아이들이 자연스럽게 영어를 익히고 사고력을 키울 수 있도록 돕는 앱입니다. 무엇보다 학습 중간에 광고가 나오지 않아 부모가 안심하고 사용할 수 있다는 점이 큰 장점입니다.

외출할 때 칸 아카데미 키즈를 활용하면 아이들은 놀이처럼 즐기면서도 배움을 이어갈 수 있고, 부모는 조금 더 여유롭게 시간을 보낼 수 있습니다. 아이와 부모 모두에게 유익한 앱이 아닐까 싶습니다.

1. 칸 아카데미 키즈의 특별함

칸 아카데미 키즈(Khan Academy Kids)는 유아부터 초등 저학년 학생들을 위한 100% 무료 학습 플랫폼으로, 미국에서 시작된 칸 아카데미(Khan Academy)의 연장선에 있습니다. 칸 아카데미는 2004년, 살만 칸이 조카에게 수학을 가르쳐주기 위해 유튜브에 영상을 올린 것에서 출발했습니다. 이후 아이들이 다양한 주제와 창의적인 학습 방법을 통해 호기심을 키우고 학습 능력을 발전시킬 수 있도록, 칸 아카데미 키즈를 새롭게 선보이게 되었다고 합니다.

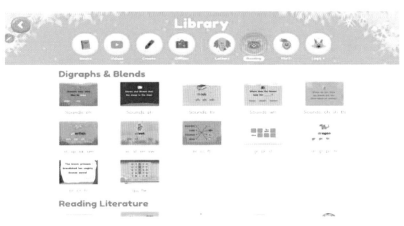

[그림 1-5] 칸 아카데미 키즈 제공 콘텐츠

직접 사용해본 결과, 모든 과정의 설명이 영어로 진행되어 영어를 자연스럽게 접하게 하고 싶은 부모님께 특히 추천하는 앱입니다. 어린 자녀의 영어 듣기(Listening)에 대해 고민하는 학부모라면, 이 앱을 통해 아이들이 영어에 친숙해질 수 있는 기회를 제공할 수 있을 것 같습니다.

칸 아카데미 키즈는 실제로 미국의 여러 학급에서 교육 자료로 활용될 만큼 전 세계적으로 널리 사용되고 있습니다. 특히 교육기관에서 사용할 경우, 광고 노출에 민감할 수밖에 없는데, 이 앱은 광고 없이 이용할 수 있어 어린이집, 유치원, 학교 등에서 활용하기에도 매우 적합합니다.

칸 아카데미 키즈의 가장 큰 장점은 학습을 놀이처럼 즐겁게 만들어 아이들이 스스로 학습에 참여하게 한다는 점입니다. "배우는 게 이렇게 재미있을 줄 몰랐다!"고 아이들이 느끼게 해주는 이 프로그램은 부모와 교육자들에게도 큰 도움이 됩니다.

이 프로그램은 연령에 맞는 맞춤형 콘텐츠를 제공하고, 아이들의 학습 수준에 맞춰 점차적으로 난이도를 조절합니다. 또한, 아이들의 학습 진행 상황을 실시간으로 추적하며, 부족한 부분을 지속적으로 추천해 줍니다.

칸 아카데미 키즈는 게임을 활용한 학습 콘텐츠부터 그림책 형식의 이야기까지 다양한 형태의 자료를 제공합니다. 다양한 학습 스타일을 지원하기 위해 시각적 요소와 상호작용을 강조하며, 아이들이 자연스럽게 배울 수 있도록 돕습니다.

칸 아카데미 키즈 프로그램에 대한 자세한 내용은 뒤에서 다시 다룰 예정이지만, 먼저 이 프로그램의 주요 기능을 간략하게 소개하겠습니다.

1) Books 탭: 다양한 주제와 장르의 책들이 준비되어 있으며, 아이는 '읽어주기' 모드와 '혼자서 읽기' 모드 중 하나를 선택해 학습할 수 있습니다. 각 아이의 학습 수준에 맞는 책을 제공해, 자연스럽게 독서 능력을 키울 수 있습니다.

2) Video 탭: 아이들이 좋아하는 동요와 교육적인 영상을 제공하며, 연령에 맞춰 다양한 주제의 영상들을 찾아볼 수 있습니다.

3) Create 탭: 창의적인 활동을 통해 아이들이 그림을 그리고 색칠하며 상상력을 발휘할 수 있는 공간입니다. 아이가 완성한 작품은 'Gallery'에서 언제든지 확인할 수 있습니다.

4) Offline 탭: 인터넷 연결 없이도 즐길 수 있는 오프라인 활동들이 모여 있어, 언제 어디서나 학습할 수 있습니다.

5) Letters 탭: 알파벳 소문자와 대문자를 익히는 데 도움이 되는 다양한 활동과 영상들이 포함되어 있어, 아이가 기초적인 문자 학습을 할 수 있습니다.

6) Reading 탭: 연령에 맞는 파닉스, 사이트 워드, 문법 능을 학습할 수 있는 활동들이 제공되며, 독해력 향상에도 도움이 되는 콘텐츠가 준비되어 있습니다.

7) Math 탭: 시각적이고 직관적인 방식으로 덧셈, 뺄셈, 도형, 수세기 등 수학의 기초를 다질 수 있는 활동들이 제공됩니다. 영어로 된 수학 문제를 풀면서 영어 학습도 함께 할 수 있습니다.

8) Logic+ 탭: 사고력과 사회정서학습을 키울 수 있는 다양한 활동이 준비되어 있으며, 예의, 감정, 유연한 사고 등 중요한 생활 지식들을 배울 수 있습니다.

2. 칸 아카데미 키즈 활동 살펴보기

1) 회원가입

칸 아카데미 키즈 앱을 다운로드 한 후 회원가입을 먼저 합니다. 회원가입 후 로그인을 하게 되면, 집에서 사용할지 기관에서 사용할지를 선택할 수 있습니다. 집에서 사용하는 옵션을 선택하면, 아이의 나이와 원하는 아바타를 설정할 수 있는 화면으로 이동합니다.

[그림 1-6] 칸 아카데미 키즈 회원가입

아이의 나이에 맞춰 콘텐츠가 제공되며, 학습 중에도 나이는 언제든지 변경할 수 있습니다. 우측 상단에서 아이의 이름과 캐릭터를 확인할 수 있으며, 좌측 상단의 보라색 책 아이콘(Library)을 눌러서 콘텐츠를 확인할 수 있습니다.

[그림 1-7] 칸 아카데미 키즈 입장하기

2) 교과활동 (영어)

'Books' 탭에서는 소설과 논픽션을 포함한 다양한 책들을 만나볼 수 있으며, 아이들의 흥미와 관심사를 고려한 여러 장르로 구성되어 있습니다. 책을 선택하면 두 가지 읽기 옵션이 제공됩니다. '읽어주기(Read to Me)' 모드는 페이지를 넘길 때마다 음성으로 내용을 들려주고, '혼자서 읽기 (Read by Myself)' 모드는 음성이 꺼진 상태로 아이가 스스로 책을 읽을 수 있도록 설계되어 있습니다. 필요할 경우, 특정 페이지에서 재생 버튼을 눌러 음성을 들을 수도 있어, 아이의 독립적인 독서와 학습을 돕습니다.

[그림 1-8] '읽어주기(Read to Me)'와 혼자서 읽기(Read by Myself) 모드

Books 탭에서는 초기 설정한 연령과 상관없이 동일한 종류의 책들을 만나볼 수 있습니다. 이 중 논픽션 카테고리에는 과학과 동물 등 다양한 주제를 다룬 책들이 포함되어 있으며, 화면을 아래로 내리면 더 많은 주제와 난이도의 책들을 찾아볼 수 있습니다. 아이의 영어 실력에 맞는 책을 골라 읽히면 효과적인 학습이 가능합니다.

- Stories with Lessons: 이야기 형식으로 구성된 자료로, 듣기 실력을 키우고 싶은 아이들에게 적합합니다.
- Grade Early Readers: 영미권 기준 초등 1~2학년 수준의 리더스로, 초등학생들이 읽기와 듣기 능력을 동시에 향상할 수 있는 자료입니다.
- Early Readers: 알파벳 학습을 마치고 파닉스를 배우거나 연습 중인 아이들에게 적합한 초급 독서 자료입니다.
- Alphabet Books: 대소문자 알파벳 학습과 알파벳을 활용한 간단한 단어를 짧은 글 형식으로 익힐 수 있는 자료로, 알파벳을 처음 배우는 아이들에게 추천됩니다.

이처럼 다양한 수준과 주제의 책들이 준비되어 있어, 아이들의 영어 독서 능력을 자연스럽게 키울 수 있습니다.

It was still dawn, but Kodi had already arrived at Ollo's house.
Ollo's dad was taking them apple picking!
The orchard was far away, so they had to get on the road early.
On the way, they played games and listened to an audiobook.

[그림 1-9] 교과활동(영어) 활동 모습

'Reading' 탭은 아이의 연령에 맞춰 설계된 다양한 읽기 자료를 제공합니다. 기본적인 파닉스 학습부터 시작해, 연령에 맞는 사이트 워드와 문법을 다루는 활동들이 포함되어 있습니다. 또한, 독해력을 키울 수 있는 콘텐츠도 제공되어 아이들이 읽기 능력을 체계적으로 향상 할 수 있습니다. 예를 들어, 'Digraphs'(이중 글자) 영역에서는 아이들이 자연스럽게 소리와 글자를 연결할 수 있도록 도와주는 플래시 카드가 제공됩니다. 이를 통해 학습자는 재미있게 소리를 듣고 읽기 능력을 키울 수 있습니다.

3) 교과활동 (수학)

'Math' 탭에서는 아이의 연령과 학습 수준에 맞춘 다양한 시각적 수학 활동을 제공합니다. 수 세기, 양 비교, 도형, 패턴 인식, 덧셈, 뺄셈 등 기본적인 수학 개념을 다루며, 화면 상단의 연령 설정을 통해 난이도를 조절할 수도 있습니다.

특히, 시계를 배우는 활동에서는 시침과 분침의 움직임을 5분 단위로 시각화하여 아이들이 시간 개념을 쉽게 이해할 수 있도록 돕습니다. 이런 시각적인 접근은 어린아이들에게 효과적인 학습 환경을 제공합니다.

특징적인 점은 모든 수학 문제가 영어로 구성되어 있어, 수학 공부와 함께 자연스럽게 영어 실력을 키울 수 있다는 점입니다.

또한, 칸 아카데미 키즈의 2학년 수준 콘텐츠에서는 두 자리 수의 덧셈과 뺄셈, 문장제 문제 풀이, 평면도형의 모양 학습 등 다양한 활동을 통해 수학적 사고력을 확장할 수 있습니다.

[그림 1-10] 'Math' 탭 제공 콘텐츠 중 '시계' 학습

3) 재미있는 활동

'Videos' 탭에서는 아이들이 좋아하는 다양한 영상 콘텐츠를 즐길 수 있습니다. 아이들이 노래를 부르고 춤을 출 수 있는 신나는 영상들이 가득합니다. 초기 설정된 연령에 따라 적합한 영상이 추천되지만, 화면 오른쪽 상단의 연령 조정 버튼을 사용하면 더 다양한 주제의 영상을 탐색할 수 있습니다.

탭 상단에는 주기적으로 새로운 영상들이 업데이트되어 아이들의 관심을 끌며, Kinder와 Pre-K 단계에서는 'Super Simple Songs'와 같은 친숙한 동요가 포함되어 있습니다.

[그림 1-11] 'Videos' 탭 제공 콘텐츠

'Create' 탭은 아이들이 창의력을 마음껏 발휘할 수 있는 다양한 활동을 제공합니다. 연령에 따라 자유롭게 그림을 그릴 수 있는 드로잉 활동과 제공된 밑그림을 채색하는 컬러링 활동이 마련되어 있어 아이들의 흥미를 끕니다. 완성된 작품은 화면 오른쪽 아래의 초록색 체크 버튼을 눌러 저장할 수 있으며, 저장된 그림은 'Create' 탭의 하단에 있는 'Gallery'에서 확인할 수 있습니다.

3. 활용을 위한 조언

칸 아카데미 키즈를 효과적으로 활용하려면, 아이의 연령에 맞는 내용을 선택하는 것이 중요합니다. 앱을 시작할 때 아이의 나이를 설정하면 그에 맞는 학습 자료와 활동들이 자동으로 추천됩니다. 아이가 특정 내용에 흥미를 보이지 않거나 더 높은 난이도를 원할 때는 언제든지 연령 설정을 조정하여 새로운 내용을 탐색할 수 있습니다.

칸 아카데미 키즈는 짧은 시간 동안 집중할 수 있는 내용으로 구성되어 있어 외출 중에도 간편하게 활용할 수 있습니다. 식사 시간이나 대기 시간 등 아이가 집중할 수 있는 시간에 10~15분 정도의 학습 활동을 진행하면 좋습니다. 자주 접할수록 아이는 자연스럽게 학습 습관을 기를 수 있습니다.

이 앱은 다양한 분야를 다루고 있어 아이가 여러 주제에 관심을 가질 수 있습니다. 특정 분야에 흥미를 보일 때는 그 분야의 내용을 집중적으로 활용하고, 다른 분야도 고루 접할 수 있도록 유도하는 것이 좋습니다. 이렇게 다양한 주제를 경험하면서 아이의 사고력과 문제 해결 능력이 향상될 거라고 기대해 봅니다.

내가 찍은 사진으로 만드는 색칠 공부

[그림 1-12] 데이터 쉐프 예시작품

아이들만의 특별한 색칠 공부 도안을 만들어보세요! 여러분의 아이가 스스로 찍은 사진이나 가족과 함께 찍은 특별한 순간들로 색칠 공부 도안을 만든다면 어떨까요? 혹은 아이가 가장 좋아하는 동화 속 장면이나 자신만의 상상으로 그린 그림이 색칠 공부 도안이 된다면요? 단순히 주어진 그림에 색을 입히는 것에서 벗어나, 아이들이 직접 만든 도안으로 색칠을 하게 되면 그 경험은 단순한 놀이 이상의 의미를 가지게 됩니다.

1. 데이터 쉐프 알아보기

데이터 쉐프(https://tech-lagoon.com/datachef/ko/index.html) 사이트 속 'ImageChef'는 무료 온라인 이미지 처리 기능을 제공합니다. 브라우저와 인터넷 환경만 있으면 PC나 스마트폰에서 사용할 수 있습니다. 사용할 때 회원 가입이나 로그인이 필요하지 않고 소프트웨어를 다운로드할 필요가 없습니다.

모든 기능은 기본적으로 원본 이미지를 업로드하고 변환된 이미지를 다운로드하기만 하면 되기 때문에 사용법이 매우 간단합니다.

변환된 이미지는 원본 이미지의 저작권을 침해하거나 이용 약관을 위반하지 않는다면 상업용, 비상업용과 관계없이 무료로 사용할 수 있습니다. 또한 편집된 이미지에는 워터마크가 표시되지 않습니다.

서비스의 지원 대상 OS는 윈도우/맥/iOS/안드로이드이며, 대상 브라우저는 Chrome/Safari/Edge/Firefox/IE입니다.

[그림 1-13] 데이터 쉐프 사이트

2. 색칠 공부 도안 만들기

데이터 쉐프에서는 이미지를 처리할 수 있는 다양한 온라인 툴이 있습니다. 우리는 그중 '선화(색칠하기 놀이)로 변환' 기능을 사용합니다.

[그림 1-14] 데이터 쉐프 - 선화로 변환

① 도안으로 제작하고자 하는 이미지를 업로드합니다. 이미지는 저장된 것을 불러와야 하며 직접 촬영한 것과 다운로드한 이미지 모두 가능합니다. 이때 저작권을 침해하지 않도록 유의해야 하며 특히나 만든 도안을 배포하거나 공유하고자 하는 경우 원본 이미지의 저작권을 침해하지 않는지 반드시 고려해야 합니다.

② 설정을 선택하여 도안의 상세 사항을 조정할 수 있습니다. 하단으로 스크롤을 내리면 각각의 스타일의 결과물이 어떠한 형태로 그려지는지 예시를 확인할 수 있습니다.

③ 전환을 눌러 변환된 이미지를 다운로드하고 인쇄하여 사용합니다.

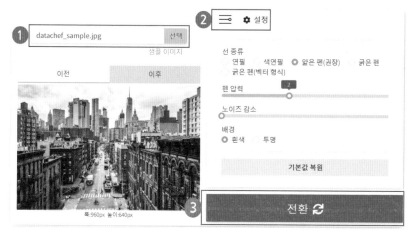

[그림 1-15] 이미지 업로드하여 변환하기

[그림 1-16] 설정 – 선 종류 예시

3. 활용을 위한 조언

아이들이 직접 선택하거나 제작한 이미지를 색칠함으로써 자신의 개성과 창의성을 자유롭게 표현하며 자기표현과 창의력이 향상됩니다. 가족사진이나 특별한 추억이 담긴 이미지를 활용하면 색칠 과정이 정서적으로 더욱 의미 있는 시간이 됩니다. 또, 과학, 자연, 역사 등 교육적인 주제의 이미지를 도안으로 만들어 학습과 놀이를 동시에 할 수 있습니다.

데이터 쉐프에서는 색칠 공부를 제작하는 것뿐만 아니라 클로드 모네, 반 고흐 등 유명 작가의 화풍으로 그림을 변형할 수도 있으며 수채화나 신문 스타일로도 작품을 변환할 수 있습니다. 작가의 화풍에 대해 학습하거나 작품의 제작 방법에 대한 학습에도 활용 가능하며 이미지의 색상을 반전하거나 흑백으로 바꾸는 등 이미지 편집에도 활용 가능합니다.

퀴버 하나면, 세상이 놀이터

아이들에게 깜짝 놀랄만한 경험을 선물하고 싶으신가요? 다들 아시죠? 아이들은 색칠 놀이를 정말 좋아합니다. 그런데 만약 아이들이 색칠한 도안이 눈앞에서 살아 움직인다면 어떨까요? 아이들은 마법 같은 경험에 바로 빠져들 것입니다. 이 모든 신비한 경험은 퀴버(Quiver) 하나만 있으면 가능합니다. 퀴버는 증강현실(AR)을 활용한 컬러링 앱으로, 아이들이 색칠한 도안을 그대로 3D로 생생하게 변신시켜 줍니다.

사용법도 정말 간단합니다. 도안을 출력해서 색칠하고, 퀴버 앱으로 실행하기만 하면 됩니다. 그러면 스마트폰이나 태블릿 화면에서 색칠한 작품이 3D 애니메이션으로 움직이는 걸 볼 수 있습니다. 퀴버는 동물, 자동차, 비행기, 귀여운 캐릭터 등 다양한 테마를 제공해서 누구나 좋아할 만한 도안을 찾을 수 있답니다. 게다가 놀이와 함께 과학, 자연, 수학, 지리처럼 교육적인 주제 도안도 있어서 아이들이 놀면서 자연스럽게 배울 수 있습니다.

퀴버는 유료로 정기적으로 업데이트되고 있는 도안을 무제한으로 다운로드하여 즐길 수도 있지만, 무료 도안도 제공하고 있기에 무료 사용자도 부담 없이 AR 컬러링 3D를 경험할 수 있습니다. 우리 아이들과 함께 핸드폰 하나면 언제 어디서든 즐길 수 있는 즐거운 체험을 시작해 보세요.

[그림 1-17]
체험장면

1. 퀴버의 특징

① 증강현실 경험

퀴버는 사용자가 색칠한 도안을 그대로 3D로 변환해 생동감 넘치는 증강현실 경험을 제공합니다.

② 다양한 콘텐츠

동물, 캐릭터, 자동차 같은 재미있는 주제부터 과학, 수학, 지리 등 교육적인 주제까지 폭넓은 색칠 도안을 제공합니다.

③ 간편한 사용법

도안을 출력하고 색칠한 뒤 퀴버 앱으로 스캔하면 바로 3D 애니메이션을 즐길 수 있습니다.

④ 반복 사용 가능

퀴버 버전(Quiver Vision) 웹사이트에서 도안을 무제한으로 다운로드하고 출력해 반복해서 사용할 수 있습니다.

⑤ 가정과 학교에서 모두 유용

아이들에게는 놀이와 학습을 동시에 제공하고, 교사들에게는 수업을 더 흥미롭게 만들 수 있는 도구로 활용됩니다.

⑥ 다양한 기기 지원

스마트폰과 태블릿에서 모두 사용 가능하며, Android와 iOS를 모두 지원해 접근성이 뛰어납니다.

2. 퀴버 활용법

① 앱 설치 및 회원가입

먼저, 스마트폰에서 앱 스토어 또는 플레이 스토어를 통해 '퀴버' 앱을 설치합니다. 앱을 실행한 후에는 간단한 회원 가입 또는 로그인 절차를 거칩니다. 하지만 무료 사용자의 경우는 로그인 안 해도 사용이 가능합니다.

② 도안 선택 및 출력 후 색칠

앱 내에는 다양한 테마의 3D 컬러링 도안이 준비되어 있습니다. 마음에 드는 도안을 선택하고, PDF 파일 형식으로 내려받습니다. 내려받은 PDF 파일을 프린터로 출력합니다.

컴퓨터를 활용하여 퀴버 비전(Quiver Vision, 공식 홈페이지: https://quivervision.com/)에서 한꺼번에 무료 도안을 출력해 두고 사용하면 간편합니다. 데모 영상까지 제공해 주고 있어서 미리 활동 과정을 영상 속에서 확인하고 출력할 수 있습니다. 출력한 후 아이의 상상력을 따라 멋지게 색칠하면 됩니다.

[그림 1-18] 도안 선택 및 출력

현재 제공되고 있는 무료 색칠 도안은, 캘리포니아 주립공원의 생태환
경을 소재로 한 색칠 꾸러미(California State Parks), 퀴버 캐릭터인 머피와

함께 게임을 즐길 수 있도록 구성된 머피 앤 프렌즈 에듀 게임 꾸러미 (Murphy and Friends Edu Games), 창의성과 용기, 협업을 기념하는 국제 도트 데이 (Celebrate Dot Day)가 제공되고 있습니다.

③ 퀴버 앱 실행 및 카메라 기능 활성화

먼저 스마트폰이나 태블릿에 설치된 퀴버 앱을 실행합니다. 앱을 실행한 후 화면에 보이는 카메라 버튼을 누르면 카메라 기능이 활성화됩니다

[그림 1-19]
앱 실행 후 첫 화면

④ QR 코드 인식

그림 하단에 QR 코드가 포함되어 있습니다. 카메라로 이 QR 코드를 먼저 정확하게 인식해야 그림이 3D로 변환될 수 있습니다. QR 코드가 제대로 인식되면 새로 뜨는 창에서 초록색 시작 (Launch) 버튼을 누릅니다.

[그림 1-20] QR코드 인식

⑤ 그림에 비추고 초점 맞추기

카메라에 그림 전체가 보이도록 하면서 초점을 정확하게 맞춰줍니다. 초점이 맞지 않으면 그림이 흐릿하게 보이거나 3D 효과가 제대로 나타나지 않을 수 있습니다. 그림 전체의 색이 파란색으로 바뀌면 3D 변환 작업이 시작됩니다.

[그림 1-21]
카메라에 그림 인식

⑥ 3D 이미지 감상 및 체험

변환 작업이 완료되면 색칠한 그림이 3D로 생생하게 살아나는 것을 확인할 수 있습니다. 스마트폰이나 태블릿을 움직이며 다양한 각도에서 3D 이미지를 감상할 수 있습니다.

그림에 따라 다르게 제시된 기능 버튼들을 활용하여 다양한 체험을 시도해 봅니다.

[그림 1-22] 3D 생성

[그림 1-23] 3D 체험

⑦ 다양한 체험활동에 참여

[그림 1-24] 체험활동 예시

3. 활용을 위한 조언

퀴버는 단순한 색칠 놀이를 넘어 교육과 재미를 동시에 제공합니다. 아이들의 창의력과 상상력을 자극하는 훌륭한 도구입니다. 이 앱을 효과적으로 사용하기 위해서는 몇 가지 팁이 있습니다. 먼저, 밝고 균일한 조명 아래에서 스캔하는 것이 가장 좋으며, 카메라와 그림 사이의 거리를 적절히 유지해야 합니다. 또한 카메라로 그림을 비출 때 QR 코드를 가리지 않도록 주의합니다.

정기적인 앱 업데이트를 통해 새로운 기능과 도안을 발견하고, 공식 홈페이지의 가이드를 참고하면 더욱 풍부한 증강현실 체험을 즐길 수 있습니다. 아이들과 함께 퀴버 앱을 활용하여 창의적인 시간을 보내시기를 바랍니다.

우리 가족 노래 만들기

노래는 사람들을 하나로 연결하는 놀라운 힘을 가지고 있습니다. 같은 공간에서 리듬과 선율에 맞춰 한 목소리로 노래를 부르다 보면 서로 간 신뢰와 친밀감이 높아지게 됩니다. 야구장에서 선수를 응원하는 관객이나 행군하는 군인들이 부르는 노래는 단순한 소리를 넘어 사람들의 감정과 경험을 연결하여 하나로 모이게 합니다.

야구장에는 응원가가 있고, 군대에는 군가가 있듯이 우리 가정에도 '가족 노래'가 있다면 어떨까요? 가족은 우리 삶에서 가장 중요한 인간관계로 개인에게 안정과 행복을 주는 존재입니다. 이런 가족을 위해 노래를 만드는 것은 가족 간의 마음을 연결하고 서로 이해하게 만들며 특별한 추억을 만들 수 있는 좋은 활동입니다.

그러나 가족의 이야기를 가사로 쓰고 멜로디를 만든다는 것은 쉽지 않습니다. 이런 문제를 해결할 수 있는 AI 플랫폼이 바로 수노(Suno AI)입니다. 수노를 활용하면 단 몇 분 만에 뚝딱 작사가처럼 가사를 써주고, 작곡가처럼 노래를 만들 수 있습니다.

수노는 원하는 분위기나 주제, 가사를 입력하면 인공지능이 자동으로 음악을 생성해 줍니다. '인공지능으로 만든 음악이 좋으면 얼마나 좋겠어?'라는 의구심을 가진 분들도 수노를 한번 활용해 보면 굉장히 놀랄 겁니다.

지금부터 수노를 활용하여 우리 가족의 사랑과 추억이 담긴 노래를 한번 만들어볼까요?

1. 수노(Suno AI) 시작하기

수노는 노래를 자동으로 생성해주는 인공지능 플랫폼입니다. 노래의 내용에 맞는 장르, 분위기, 길이 등을 설정하여 원하는 스타일의 노래를 누구나 만들 수 있습니다.

수노는 무료로 하루에 10곡을 만들 수 있습니다. 하지만 한번 만들 때 동일한 가사를 가지고 서로 다른 스타일의 2곡이 만들어지므로 하루 5회만 만들 수 있습니다.

하루에 만들 수 있는 노래의 양은 시작하면 왼쪽에 50 Credits라고 표시됩니다. 한 번 노래를 만들 때마다 10 Credits이 차감되며 매일 50 Credits이 자동으로 충전됩니다.

하지만 만들어진 곡은 상업용으로 사용할 수 없습니다. 가까운 사람끼리 노래를 공유할 수 있으며 만약 상업용으로 자유롭게 사용하기를 원한다면 유료 결제가 필요합니다.

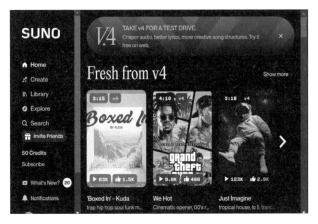

[그림 1-25] 수노 AI 시작화면

2. 수노(Suno AI)로 가족 노래 만들기

1) 회원가입 하기

수노 AI 웹사이트에 접속하여 Sign In을 클릭, 회원가입 합니다. 만 14세 미만 초등학생의 경우 보호자의 동의가 필요합니다. 회원가입 과정에서 부모님의 휴대전화 본인 인증과 이메일 인증이 필요합니다. 생성형 인공지능의 경우 서비스 연령 제한이 있는 만큼 부모님과 함께 사용하는 것이 안전합니다.

2) 간단한 가족 노래 만들기

① 노래 내용 미리 생각해 보기

가족 노래를 만들기 전에 어떤 내용을 담을지 생각해 봅니다. 가족 노래를 만들 때는 가족만의 특별한 이야기를 담은 것이 좋습니다.

- 가족과 함께한 일상이나 추억: 가족 여행, 캠핑, 소풍, 명절, 주말 등
- 가족의 특징: 가족 구성원들의 성격이나 취미, 또는 재능, 가족 서로가 칭찬하는 내용 등
- 가족 간 사랑과 응원의 메시지: 어렵고 힘들 때 서로 응원하는 내용
- 가족만의 재미있는 에피소드: 가족끼리 웃겼던 일, 장난 등
- 가족의 꿈과 미래: 가족이 함께 이루고 싶은 꿈과 미래, 가족 구성원의 꿈과 미래
- 가족에게 감사하기: 가족들에게 감사의 마음을 전달하는 내용

② 간단한 가족 노래 만들기

가족 노래를 간단히 만들고 싶을 때 왼쪽 상단에 있는 Create를 클릭합니다. 생성된 Song Description 칸에 우리 가족이 만들고 싶은 노래에 대해 한 글로 입력합니다. 가족과 관련된 노래 내용, 장르와 분위기, 스타일 등을 간단히 입력하고 아래 Create 버튼을 눌러 줍니다. 그러면 동일한 가사로 서로 다른 스타일의 2곡이 생성됩니다.

이때 장르와 스타일, 길이 등을 명확하게 입력하는 것이 좋습니다. 예를 들어 클래식, 재즈, 힙합, 팝, 록, EDM 등과 같은 특정 장르를 적어준다면 인공지능은 그에 맞는 노래를 생성합니다.

[그림 1-26] 수노로 간단한 노래 만들기

물론 적은 단어로도 노래는 만들 수 있지만 만들고 싶은 가족 노래의 특징들을 자세하게 입력한다면 좀 더 완성도 높은 노래를 만들 수 있습니다.

3) 커스텀 모드(Custom Mode) 사용하여 가족 노래 만들기

수노가 만든 가사가 마음에 안 들면 어떻게 할 수 있을까요?

① 가사 만들기

상단의 커스텀(Custom)을 누르면 직접 가사를 쓸 수 있습니다. 그러나 가사를 쓰는 것이 어렵게 느껴진다면 아래 Write with Suno 버튼을 클릭합니다. 빈칸에 쓰고 싶은 내용을 쓰고 Write Lyrics를 눌러 생성된 2가지 가사 중 마음에 드는 가사를 선택합니다. 이때 가사가 마음에 안 들거나 어색한 부분은 직접 바꿀 수 있습니다.

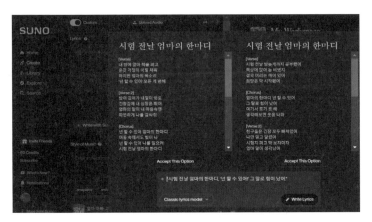

[그림 1-27] 커스텀 모드로 가사만들기

② 노래 스타일 정하기

완성된 가사로 노래를 만들기 위해서 음악의 스타일을 고릅니다. 아래쪽에 있는 스타일을 하나씩 클릭해서 선택해도 되고 원하는 스타일을 직접 입력해도 됩니다.

③ 제목 정하기

완성된 노래를 SNS에서 공유할 때 제목으로 입력되는 것이므로 우리 가족이 쉽게 이해할 수 있는 제목으로 정합니다. 그리고 Create를 눌러주면 우리 가족만의 사랑이 담긴 노래가 완성됩니다.

[그림 1-28] 노래 스타일과 제목 정하고 노래 완성하기

4) 다운로드하기 및 공유하기

완성된 가족 노래를 다운로드하려면 곡의 오른쪽에 있는 더 보기 버튼을 클릭합니다. 다운로드에서 음악이나 비디오를 선택하여 다운로드할 수 있습니다.

노래를 공유하고 싶은 경우에는 오른쪽 내보내기 모양의 공유 버튼을 클릭하거나 더 보기에서 share를 클릭, 링크 주소를 복사하여 공유합니다.

[그림 1-29] 다운로드 및 공유하기

5) 편집하기

완성된 노래의 이미지가 마음이 안 들거나 원하는 이미지가 따로 있는 경우 편집할 수 있습니다. 가족 노래이기 때문에 가족사진이나 가족의 추억이 담긴 사진을 넣어준다면 더 감동적인 노래가 될 수 있습니다.

선택한 곡의 오른쪽 더 보기 버튼을 클릭하여 Edit - Song Details를 선택합니다. Add New Image - 업로드를 클릭하여 원하는 가족사진을 선택한 후 Add Image - Submit을 차례로 클릭하여 이미지를 넣어 우리 가족사진이 담긴 가족 노래를 완성합니다.

3. 활용을 위한 조언

수노 AI는 음악수업뿐만 아니라 여러 교과와 융합하여 활용하기에 좋습니다. 현재도 노래 가사를 만들고 멜로디를 붙이는 활동은 음악을 비롯하여 국어, 사회, 창의적 체험활동 등 다양한 교과와 연계하여 진행되고 있는 만큼 수노의 활용성은 매우 크다고 할 수 있습니다.

또한, 작곡하는 것에 두려움을 가지고 있는 아이들과 부모님들에게 수노를 사용하여 몇 번의 클릭만으로 완성도 높은 노래를 만들 수 있다는 것은 매우 신나고 재미있는 활동이 될 수 있습니다.

수노로 우리 가족 노래를 만든 후에 어떤 활동을 할 수 있을까요?

우선, 가족 동영상을 만들 수 있습니다. 키네마스터나 캡컷 같은 영상 편집 앱을 활용하여 가족사진이나 동영상에 수노로 만든 노래 파일을 결합한다면 가족들에게는 더 특별한 영상이 될 수 있습니다.

두 번째, 가족 모임이나 특별한 가족 행사 자리에서 직접 만든 가족 노래를 함께 부르거나 들려준다면 가족 간 재미있는 추억을 공유하고 동시에 가족 간의 유대감이 더 커질 수 있습니다.

세 번째, 가족들이 생일이나 결혼기념일 등 특별한 날 선물로 활용할 수 있습니다. 가족들의 특징이나 추억이 담긴 맞춤형 노래로 가족에게 감동을 선사할 수 있습니다.

이처럼 수노를 활용한 가족 노래 만들기 활동은 아이들에게 AI 기술을 활용한 창작의 경험을 넘어 가족의 의미와 소중함을 깨닫는 기회가 될 수 있습니다.

내 손으로 준비하는 가족 행사

[그림 1-30] 가족행사 예시자료

가족 행사를 더욱 특별하게 만들어보세요!

우리 가족만의 색깔과 스타일을 살린 행사 준비는 그 자체로도 특별한 경험이 될 수 있습니다. 토퍼와 답례품 스티커, 가족 티셔츠와 같은 맞춤형 아이템을 직접 무료로 제작하여 우리 가족에게 의미 있는 행사를 준비해 봅시다.

1. 가족 티셔츠 제작하기

가족 티셔츠를 제작하는 업체의 기본 도안이나 디자인을 활용해도 좋지만 우리 가족만의 특별한 가족 티셔츠를 제작해 보는 것은 어떨까요?

직접 제작하는 가족 티셔츠에는 다양한 것을 넣을 수 있습니다. 예시의 가족 티셔츠는 강아지 사진을 넣어 만들었는데 이를 응용하여 가족의 사진이나 우리 가족에게 의미 있는 것을 넣어 만들어도 좋겠지요.

미리캔버스(www.miricanvas.com)에서 가족 티셔츠에 들어갈 도안을 만들어 봅시다. 미리캔버스에서는 다양한 템플릿과 요소, 디자인 등을 무료로 제공하고 있습니다. 왕관이 표시된 것은 Pro(유료) 버전으로 업그레이드하는 경우 사용한 것입니다.

[그림 1-31] 캔바로 티셔츠 도안 만들기 준비하기

① 원하는 디자인 사이즈를 선택합니다. 직접 입력도 가능합니다.

② 다양한 템플릿을 추천해 주며 생일, 하트 등 원하는 템플릿의 주제어를 넣어 템플릿을 검색할 수 있습니다.

가족의 사진이 들어간 도안을 제작하기 위해 우측의 업로드를 선택하고 사진을 업로드합니다. 업로드된 사진을 선택하면 사진을 편집할 수 있는 창이 우측에 나타납니다. 배경 제거 기능을 활용하여 원하는 부분만 남기고 배경을 제거합니다.

[그림 1-32] 캔바에서 사진 업로드하고 배경 제거하기

원하는 사진들을 다양하게 업로드 한 뒤 요소와 텍스트, 템플릿 등 다양한 꾸미기 요소를 활용하여 원하는 도안을 완성합니다. 그 후 티셔츠 제작 업체에 도안을 전송하면 특별한 가족 티셔츠 완성!

[그림 1-33] 가족 티셔츠 도안 디자인하기

우리 가족의 얼굴, 특별한 애장품 등이 담긴 특별한 우리 가족만의 티셔츠를 제작해 잊지 못할 추억을 남겨 보세요!

[그림 1-34] 가족 행사 제작 자료 예시

2. 스티커 만들기

생일 답례품이나 결혼 답례품, 돌잔치 답례품에 부착할 스티커를 제작해 봅시다. 가족 티셔츠 도안을 제작한 미리캔버스에서도 동일한 방법으로 스티커를 제작할 수 있지만 새로운 도구인 캔바(https://www.canva. com/)를 사용하여 스티커를 제작하는 방법도 있습니다. 캔바는 간단한 가입을 거친 뒤 무료로 활용 가능하며 왕관이 표시된 항목은 유료 버전에서 활용 가능합니다.

① 우측의 업로드 항목을 선택합니다.

② 도안으로 제작하고자 하는 이미지를 업로드합니다. 예시를 확인할 수 있습니다.

③ 사진을 선택합니다.

④ 사진 선택 후 사진 상단에 나타나는 메뉴 중 편집을 선택합니다.

⑤ 배경 제거를 선택하여 배경을 제거합니다.

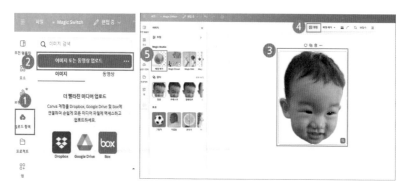

[그림 1-35] 스티커 만들기

우측의 요소와 텍스트, 디자인을 활용하여 원하는 스티커를 도안을 제작해봅시다. 생일, 파티, 결혼, 축하 등 행사에 맞는 검색어를 검색하면 다양한 꾸미기 요소를 활용할 수 있습니다. 배경이 되는 원은 '도형', '원' 등의 키워드를 검색하면 됩니다.

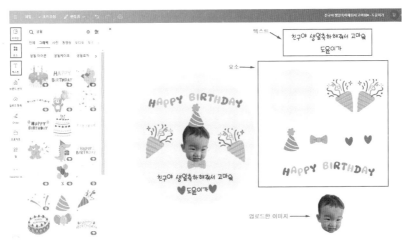

[그림 1-36] 스티커 디자인하여 완성하기

완성한 스티커를 인쇄하여 답례품에 부착하면 특별한 답례품 스티커 완성~!

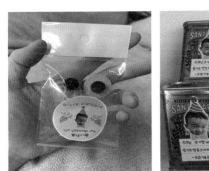

[그림 1-37] 셀프 제작 스티커 예시

3. 셀프 토퍼 만들기

가족 행사, 기념 여행 등 소중한 추억을 간직하기 위해 토퍼를 제작하는 분들 많으시죠? 이제 집에서 손쉽게 직접 만들어 보세요! 미리캔버스를 활용하여 토퍼를 만들어 보겠습니다.

우선, 우측에서 텍스트를 선택하고 토퍼로 제작하고자 하는 문구를 작성합니다. 텍스트를 선택하면 우측에 텍스트 관련 속성이 나타납니다. 글씨체와 글자 크기, 굵기 등을 선택한 뒤 외곽선을 활성화하고 외곽선이 서로 겹쳐질 수 있게 두껍게 설정하면 완성! 이때, 사용하는 글씨체에 따라 윤곽선이 겹치지 않을 수 있으니 글씨체 선택에 유의해 주세요.

[그림 1-38] 토퍼 만들기

가족과 함께하는 시간은 무엇보다 소중합니다. 소개했던 방법을 통해 여러분의 특별한 날이 더욱 빛나고 잊지 못할 추억으로 남기를 바랍니다.

[그림 1-39] 토퍼 예시

4. 활용을 위한 조언

[그림 1-40] remove.bg

가족 티셔츠를 제작할 때 사진의 배경 제거는 Remove.bg (https://www.remove.bg/ko) 웹사이트 기반의 배경 제거 프로그램으로 활용 가능합니다. 로그인 없이 이미지 업로드를 통해 배경 제거가 가능하며 인공지능이 배경을 인식하여 제거해 줍니다. 또, 캔바와 미리캔버스는 다른 챕터에서 소개되고 있듯 제공되는 템플릿이나 요소 등을 활용하여 PPT나 홍보물, 안내문구 등 다양한 것을 제작할 수 있습니다.

제2장

저학년부터

학부모, 교사, 아이가 함께 보는
최신 AI 에듀테크 코스웨어 활용 가이드

말하기가 쉬워지는 영어 학습 도우미

요즘 초등학교 3~6학년 학생들은 학교 수업에서 AI 펭톡을 활용해 영어를 배우고 있습니다. 이 AI 펭톡을 가정에서도 계속 사용하면 어떨까요?

사실 영어 관련 앱은 많지만 대부분 유료인 경우가 많아 부담이 될 때가 있죠. 반면, AI 펭톡은 EBS와 교육부가 공동 기획하고 한국전자통신연구원이 개발한 무료 플랫폼이라 믿고 사용할 수 있습니다. 게다가 인기 캐릭터 펭수와 함께 즐겁게 학습할 수 있어 아이들이 영어에 더욱 몰입할 수 있습니다.

AI 펭톡은 초등학교 5종 교과서를 기반으로 제작된 학습 콘텐츠를 제공하며, 실생활과 밀접한 주제로 구성된 회화 연습을 통해 영어를 더 친근하게 느끼게 해줍니다. 특히 친구들 앞에서 말하기를 두려워하던 아이들도 집에서는 부담 없이 연습하며 억양, 발음, 속도까지 피드백을 받을 수 있어 점점 자신감을 키울 수 있습니다.

[그림 2-1] AI펭톡의 메인 화면

가정에서 AI 펭톡을 활용하면 아이들이 학교에서 배운 내용을 복습하며 자연스럽게 영어 실력을 키울 수 있습니다. 이제, AI 펭톡과 함께 영어 자신감을 키워볼까요?

1. 초등학생을 위한 영어 학습 도우미, AI 펭톡

AI 펭톡은 초등학생들에게 효과적이고 재미있는 영어 학습 경험을 제공하는 플랫폼으로, 다양한 특별한 기능을 통해 학습의 질을 높이고 있습니다.

먼저, 자연스러운 대화 기능이 있습니다. AI 펭톡은 시나리오 없이도 주제에 따라 자연스럽게 대화를 이어갈 수 있는 기능을 제공합니다. 이로 인해 학생들은 실생활에서 자주 접할 수 있는 다양한 주제로 영어를 사용하며 자신감을 쌓을 수 있습니다.

[그림 2-2] AI 펭톡 대화 기능 제공 콘텐츠

AI 펭톡은 자유로운 대화를 위한 '프리톡' 기능을 제공하여, 펭수와 자유롭게 대화하며 친밀감을 형성할 수 있습니다. 이 기능은 학생들이 영어를 말하는 데 두려움을 느끼지 않고 자연스럽게 말하기를 연습할 수 있도록 돕습니다.

또한, 맞춤형 음성 인식 기능은 초등학생 2만 명 이상의 5천 시간 분량 영어 발음 데이터를 분석하여 어린이의 음성 특성에 맞춘 정확한 인식 기능을 제공합니다. 이를 통해 학생들은 자신의 발음이 어떻게 인식되는지 확인하고, 발음 교정에 도움을 받을 수 있습니다.

[그림 2-3] AI 펭톡 맞춤형 음성 인식 제공 콘텐츠

게임화된 보상 시스템도 AI 펭톡의 큰 특징 중 하나입니다. 학습 목표를 달성하면 '참치캔'이라는 보상 아이템을 얻을 수 있어, 학생들은 성취감을 느끼며 학습에 더 큰 동기부여를 가질 수 있습니다.

AI 펭톡은 교과 연계 학습을 통해 초등 영어 교과서와 EBS 영어 콘텐츠를 기반으로 한 심화 학습이 가능합니다. 이를 통해 정규 수업과 연결된 학습을 할 수 있어, 학생들은 학습 내용을 더욱 깊이 이해하고 실력을 쌓을 수 있습니다.

또한, 모바일 기반 학습 기능을 통해 학생들은 언제 어디서나 모바일로 영어 학습을 이어갈 수 있어, 시간과 장소에 구애받지 않습니다.

2. AI 펭톡 활동 살펴보기

1) AI 펭톡의 핵심 부분

AI 펭톡은 EBS English에서 다운로드하여 사용할 수 있습니다. 다운로드 후, 일반 회원 로그인을 선택하고 EBS 아이디로 로그인하면 펭톡에 입장할 수 있습니다.

[그림 2-4] AI 펭톡 회원가입

펭톡에는 학생들에게 동기를 부여할 수 있는 다양한 기능이 있는데 탭 오른쪽에 '꾸미기'와 '내 가방' 공간이 있습니다. '꾸미기' 공간에서는 다양한 아이템을 이용해 자신만의 스타일을 꾸밀 수 있어 학습의 재미를 더해줍니다. '내 가방' 공간에서는 학생들이 어떻게 학습하고 있는지를 부모님이 쉽게 확인할 수 있습니다.

학습 진행 상황뿐만 아니라 출석 현황도 확인할 수 있어, 부모님이 자녀의 학습 상태를 실시간으로 확인할 수 있습니다. 이 기능은 자녀의 학습을 지원하고, 더욱 효과적으로 관리할 수 있도록 돕습니다.

2) 토픽 월드: 학교에서 많이 활용되는 영어 학습 모드

토픽 월드는 교과서와 동일한 주제를 바탕으로 구성되어 있어, 학교에서 자주 사용되는 학습 모드입니다. 이 모드는 **스테이지 모드**와 **테마 모드** 두 가지 방식으로 제공됩니다.

[그림 2-5] '스테이지' 모드와 '테마' 모드

스테이지 모드는 20개의 토픽과 각 토픽마다 10가지 학습 방법으로 구성되어 순차적으로 학습을 진행합니다. 학습창에 표시된 10개의 동그라미를 통해 진행 상황을 확인할 수 있습니다. 스테이지 모드는 학교에서 주로 사용되며, 집에서는 테마 모드로 하는 방법을 추천합니다.

테마 모드는 총 18개의 다양한 테마를 제공하며, 학생들이 원하는 테마를 자유롭게 선택하여 학습할 수 있습니다. 이 모드는 순서에 상관없이, 학생들이 관심 있는 주제를 선택해 학습을 진행할 수 있습니다.

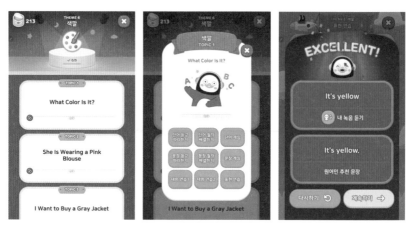

[그림 2-6] '테마' 모드 활동 안내

'스테이지'와 '테마' 모드 안에는 '문장 게임'이 있는데 이 게임을 통해 재미있게 학습을 이어갈 수 있습니다. 특히 '표현 연습'에서는 실제 상황에 맞는 다양한 표현을 연습하고, 자신의 표현과 원어민의 추천 문장을 비교해 볼 수 있어 매우 유용합니다. 이 활동을 통해 학생들은 실생활에서 자주 쓰는 영어 표현을 자연스럽게 익힐 수 있습니다.

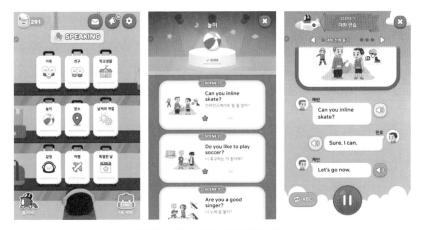

[그림 2-7] '스피킹' 공간 활동 안내

3) 스피킹: 발음 연습과 비교로 실력 향상

스피킹 공간은 9개의 다양한 주제로 구성되어 있습니다. 학생들은 원하는 주제를 선택하고, 원어민 선생님의 발음을 듣고 따라 말해보며 녹음을 할 수 있습니다. 녹음 후에는 그래프를 통해 자신의 발음과 원어민의 발음 차이를 시각적으로 비교할 수 있어, 발음 개선에 도움이 됩니다.

4) 렛츠톡: 아이들이 가장 좋아하는 말하기 연습 공간

렛츠톡은 아이들이 영어 말하기를 재미있게 연습할 수 있는 공간으로, 총 3가지 주요 핵심 요소로 구성되어 있습니다.

- 미션톡 300종: 토픽월드에서 배운 내용을 바탕으로 300개의 미션을 통해 학습한 내용을 복습하고 연습할 수 있습니다.
- 상황톡 120종: 스피킹에서 학습한 내용을 활용해 120개의 다양한 상황을 설정하고, 실제 상황에 맞는 영어 말하기 연습을 할 수 있습니다.

- 프리톡 45종: 자유 주제로 대화할 수 있는 공간으로, 아이들이 가정에서도 자연스럽게 영어를 말하며 학습할 수 있어 매우 인기 있는 부분입니다.

[그림 2-8] '프리톡' 활동 안내

아이들은 특히 프리톡을 매우 좋아합니다. 프리톡에서는 원하는 대로 답변을 할 수 있어 자유로운 대화가 가능합니다. 같은 질문에도 다양한 방식으로 대답을 시도해 볼 수 있어 흥미와 창의력을 동시에 자극합니다.

5) 스캔잇: 생활 속에서 배우는 단어 학습 공간

스캔잇은 AI 펭톡이 제공하는 독창적인 학습 기능으로, 아이들이 일상에서 접하는 물건을 활용해 영어 단어를 배우는 공간입니다. 특히 영어를 처음 배우는 초보 학습자에게 적합하며, 스마트폰이나 태블릿 카메라로 물건을 스캔하면 해당 물건의 영어 단어와 발음을 배울 수 있습니다.

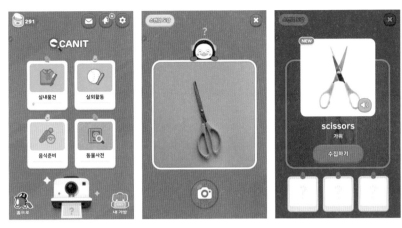
[그림 2-9] '스캔잇' 공간 활동 방법

　예를 들어, 책상 위에 있는 연필, 책, 사과 등을 카메라로 스캔하면 AI가 이를 인식해 영어 단어와 발음을 화면에 표시합니다. 아이들은 이렇게 생활 속 물건들을 활용해 영어 단어를 자연스럽게 익힐 수 있습니다. 아이들은 학습에 대한 부담 없이 놀이를 통해 단어를 배우고, 발음을 연습하며 자신감을 키울 수 있습니다.

3. 활용을 위한 조언

AI 펭톡을 효과적으로 활용하려면 아이의 학습 수준과 관심사에 맞는 기능을 선택하는 것이 중요합니다. 예를 들어, 영어를 처음 배우는 초보 학습자라면 스캔잇 기능을 활용해 주변의 물건을 스캔하며 단어와 발음을 배우는 활동을 추천합니다. 이를 통해 학습을 놀이처럼 즐길 수 있습니다.

또한, 토픽 월드의 스테이지 모드는 순차적으로 학습을 진행하도록 설계되어 있어 체계적인 학습이 필요한 경우 유용합니다. 반면, 테마 모드는 주제를 자유롭게 선택할 수 있으므로 아이가 흥미를 느끼는 주제를 골라 학습에 몰입할 수 있도록 도와주세요.

렛츠톡의 프리톡 기능은 아이가 자유롭게 대화를 연습할 수 있는 공간으로, 표현력을 키우고 자신감을 얻는 데 큰 도움이 됩니다. 이때, 아이가 다양한 답변을 시도해 보도록 격려하면 창의적이고 유연한 사고를 기를 수 있습니다.

AI 펭톡은 짧은 시간 동안 집중할 수 있는 콘텐츠로 구성되어 있어 하루 10~15분씩 꾸준히 사용하는 것이 효과적입니다. 특히 학습 후에는 아이와 함께 배운 내용을 간단히 복습하거나 활용해 보는 시간을 가지면 학습 효과를 더욱 높일 수 있습니다.

마지막으로, 학습 진행 상황을 확인할 수 있는 '내 가방' 기능을 통해 아이의 성취를 칭찬하고 동기를 부여해 주면 좋습니다. 아이가 성취감을 느끼고 즐겁게 학습할 수 있도록 돕는 것이 AI 펭톡을 활용하는 가장 중요한 포인트입니다.

내 손안의 동물원

　아이들은 자연스럽게 동물에 대한 흥미와 호기심을 가지고 있습니다. 하지만 도시에 사는 요즘 아이들에게 다양한 동물을 직접 관찰하는 일은 쉽지 않습니다. 야생동물을 만나는 것은 위험할 수 있고, 동물원을 방문하려면 시간과 비용이 필요하기 때문입니다.

　이러한 고민을 해결할 방법이 AR 동물관찰입니다. 이 프로그램은 스마트폰이나 태블릿만 있으면 언제 어디서나 다양한 동물을 생생하게 관찰할 수 있는 특별한 경험을 제공합니다. 특히 초등학교 3~4학년 과학 교육과정에서 다루는 동물을 효과적으로 교육할 수 있습니다.

　AR 동물관찰로 재미있게 학습할 수 있습니다. 동물의 생김새, 서식지, 먹이와 같은 다양한 정보를 지금 바로 AR 동물관찰과 함께 아이들에게 신나는 동물 탐험의 기회를 선물해 보세요! 자연을 품은 학습의 즐거움이 손끝에서 펼쳐집니다.

[그림 2-10] AR 동물관찰 활용모습

1. AR 동물관찰 특징

AR 동물관찰은 한국과학창의재단이 개발한 교육용 증강현실(AR) 콘텐츠로, 동물 학습을 위한 혁신적인 도구입니다. 이 콘텐츠는 초등학교 3~4학년 과학 수업과 연계되어 학습 효과를 높이면서도 학생들에게 재미와 흥미를 제공합니다.

이 콘텐츠는 AR 기술을 활용해 31종의 다양한 동물을 실감 나게 관찰할 수 있습니다. 동물의 생김새, 서식지, 먹이 등을 상세히 학습할 수 있으며, 3D 오브젝트를 확대, 축소, 회전하여 동물을 세밀하게 관찰할 수 있습니다. 또한, 동물 카드와 먹이, 서식지, 해부, 한살이, 모방, 기술, 퀴즈, 보상 등 7가지 특수 카드를 결합하면 학습을 게임처럼 즐길 수 있습니다. 분류의 달인 메뉴에서는 동물 분류 능력을 키울 수 있는 퀴즈를 제공해 학생들이 자연스럽게 지식을 습득하고 복습할 수 있도록 돕습니다.

AR 동물관찰을 사용하면 학생들은 동물에 대해 다양한 내용을 재미있게 학습하면서 동물에 대한 다양한 지식을 흥미롭게 얻을 수 있습니다.

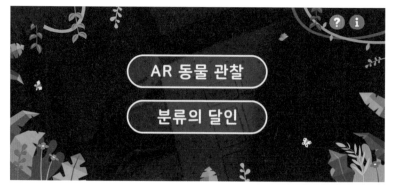

[그림 2-11] AR 동물관찰 시작화면

2. AR 동물관찰 사용하기

1) 앱 설치 및 마커 준비하기

AR 동물관찰은 현재 앱스토어나 플레이스토어에서 설치할 수 없습니다. 이것을 사용하기 위해서는 안드로이드용 핸드폰이나 태블릿에 apk파일을 다운받아서 출처를 알 수 없는 앱으로 설치해야 합니다. 앱을 설치할 때는 카메라 사용을 허용해야 AR이 정상적으로 작동됩니다. apk파일로 앱을 설치하는 방법은 이 책에서 제공하는 사이트를 참고하면 됩니다.

증강현실(AR)을 실행히기 위해 마커가 필요합니다. 마커는 한국과학창의재단의 사이언스올 홈페이지나 관련 도서에서 제공하는 사이트에서 다운로드한 후 출력하여 사용할 수 있습니다. 마커를 지속적으로 사용하려면, 두꺼운 도화지에 부착해서 카드처럼 제작하면 편리합니다.

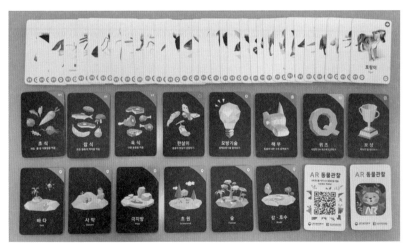

[그림 2-12] AR 동물관찰 카드

2) 동물 관찰하기

AR 동물 관찰은 크게 두 가지 모드로 구성됩니다: 동물관찰 모드와 분류의 달인 퀴즈 모드입니다. 동물관찰 모드에서는 각 동물의 외형, 움직임, 소리를 자세히 관찰할 수 있습니다.

관찰하고자 하는 동물 카드를 비추면 3D 오브젝트가 구현됩니다. 카드를 돌리면 동물 오브젝트도 함께 돌아갑니다. 동물 카드를 제거하면 동물 3D 오브젝트만 따로 볼 수 있습니다. 마커를 한 번 스캔하면 마커 없이도 동물관찰 활동을 할 수 있게 되어 아이들이 편하게 동물을 관찰할 수 있습니다.

동물 카드 오른쪽 아래 부위에 동물 움직임 버튼과 동물 소리 버튼이 있습니다. 동물 움직임 버튼을 누르면 동물별로 2~3가지 동작을 관찰할 수 있고 동물 소리 버튼을 활성화하면 동물이 내는 소리를 들을 수 있습니다.

[그림 2-13] 동물 관찰하기

3) 특수카드

특수카드를 이용하여 먹이, 서식지, 한 살이, 해부를 통한 내부 구조, 모방기술, 각 동물에 대한 OX퀴즈 5문제를 풀 수 있다.

① 서식지 카드

AR 동물관찰에서는 초원, 숲, 사막, 강·호수, 극지방, 바다 총 6곳에 살고 있는 동물에 대한 정보를 얻을 수 있습니다. 서식지에 살고 있는 동물 카드를 올바르게 연결하면 오른쪽 아래에 서식지 버튼이 활성화되고 버튼을 누르면 360도 영상으로 제작된 서식지로 이동하게 됩니다. 이동된 서식지에서 스마트폰을 기울이거나 좌우, 앞뒤를 돌리면 실감 나게 서식지에 살고 있는 동물들을 관찰하고 동물에 대한 정보를 얻을 수 있습니다. 이때 하나의 동물만이 아니라 자신이 탐색하기를 원하는 서식지에 살고 있는 모든 동물의 정보를 알아볼 수도 있습니다.

[그림 2-14] 서식지 카드 활용 서식지 관찰

② 해부 카드

남자아이들이 흥미로워하는 활동 중 하나는 해부 카드를 이용해 동물의 내부를 관찰하는 것입니다. 해부 카드는 실제 해부 과정 없이도 동물의 내부 구조를 학습할 수 있도록 설계된 특수 카드입니다. 이 카드를 통해 근육,

뼈, 내장 등 각 부위를 상세히 살펴볼 수 있습니다.

해부 카드를 사용하여 내부를 관찰할 수 있는 동물로는 호랑이, 상어, 비둘기, 황제펭귄, 개구리가 있습니다. 해당 동물들은 카드 오른쪽 아랫부분에 해골 모양 아이콘이 표시되어 있어 쉽게 구분할 수 있습니다.

관찰을 시작할 때는 근육, 뼈, 내장 중 하나를 선택합니다. 이후 슬라이드 바를 조절하여 각 층의 구조를 단계적으로 확인할 수 있습니다. 특히 내장을 관찰할 때 주요 장기의 이름과 설명이 함께 표시되어 학습에 도움을 줍니다.

[그림 2-15] 해부 카드 활용 동물 내부 관찰

③ 모방기술

모방기술 카드를 활용하면 우리 생활에서 동물의 특징을 어떻게 응용하는지 살펴볼 수 있습니다. 모방기술에 대한 정보는 독수리, 상어, 황제펭귄, 문어, 잠자리 카드에서만 활성화됩니다.

독수리의 발톱을 이용한 집게차의 집게와 인형뽑기 기계의 팔, 상어 비늘의 거친 표면인 돌기(리블렛) 구조를 활용한 전신수영복, 황제펭귄의 깃털을 응용한 방수 잠수복, 문어는 빨판, 잠자리는 드론 등으로 동물의 특징을 활용한 사례를 제시합니다.

　이러한 내용을 아이들이 더 효과적으로 이해할 수 있도록 관련 동영상을 시청하며 학습하도록 구성하였습니다. 특히, 동영상은 데이터를 사용하지 않고 재생할 수 있어 아이들이 부담 없이 반복적으로 볼 수 있습니다.

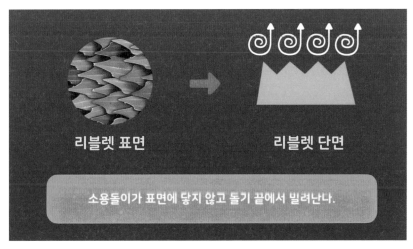

[그림 2-16] 상어 비늘로 전신수영복 모방 사례

④ 퀴즈와 보상

　퀴즈 카드는 아이들이 동물에 대한 학습을 더욱 재미있고 흥미롭게 만들어주는 기능입니다. 원하는 동물 카드와 퀴즈 카드를 동시에 놓으면 퀴즈를 풀 수 있습니다. 퀴즈는 O, X 퀴즈가 5개 제공됩니다.

　O, X 퀴즈는 동물의 서식지, 먹이, 생김새, 한살이 등 다양한 주제의 퀴

즈를 통해 지루하지 않게 학습할 수 있습니다. 퀴즈를 풀면서 자연스럽게 동물에 대한 지식을 쌓을 수 있습니다.

퀴즈를 풀고 보상 카드를 비추면 지금까지 맞힌 문제를 통해 획득한 별을 확인할 수 있습니다. 이를 통해 아이들은 더 많은 문제를 풀고자 하는 동기를 얻게 됩니다.

[그림 2-17] 퀴즈 풀기와 보상카드 활용

4) 분류의 달인

분류의 달인은 동물을 관찰하고 학습한 후 활용하면 효과적인 학습 도구입니다. 이 기능은 동물의 특징을 비교하고 분류하며 이해를 심화할 수 있도록 돕습니다.

활동은 동물 분류 기준이 문제로 나오면 1분 안에 해당 기준에 맞는 동물 카드 3장을 선택하는 방식으로 진행됩니다. 기준에 적합한 동물을 선택하면 증강현실로 동물이 등장하며 맞았다는 효과음이 재생되고, 기준에 맞지 않을 경우 틀렸다는 이미지와 효과음이 제공됩니다. 제한 시간 내에 정답을 맞히면 별을 획득할 수 있으며, 보상 카드를 통해 획득한 별을 확인할 수 있습니다.

이 활동은 다양한 분류 기준을 통해 동물의 특징을 학습하고, 분류 능력을 키울 수 있게 해줍니다. 게임 형식으로 진행되어 즐겁게 참여하며 자연스럽게 학습할 수 있는 기능입니다.

[그림 2-18] 분류의 달인

3. 활용을 위한 조언

AR 동물관찰은 앱만 설치하면 인터넷 연결 없이도 사용할 수 있어 부담 없이 활용하기 좋습니다.

특수카드는 먹이와 서식지, OX 퀴즈와 같은 모든 동물에 대한 정보를 제공하는 카드와 한살이, 해부, 모방 기술과 같은 특정 동물에만 해당하는 정보를 제공하는 카드로 나뉩니다. 한살이와 해부, 모방 기술 관련 정보는 해당 동물 카드의 오른쪽 아래에 표시된 이미지를 확인한 후, 일치하는 특수카드와 함께 사용해야 합니다.

아이들에게 카드를 한꺼번에 제공하기보다는 단계적으로 제공하는 것이 학습 효과를 높이는 데 좋습니다. 먼저 31종의 동물 카드를 제공하여 동물의 생김새, 움직임, 소리를 관찰하게 한 뒤, 3장의 먹이 카드를 주어 각 동물이 어떤 먹이를 먹는지 알아보도록 합니다. 이후, 6장의 서식지 카드를 제공하여 각 서식지에 사는 동물을 학습하도록 하고, 한살이와 모방 카드로 동물들의 생태적 특징을 살펴보는 심화 학습을 진행합니다. 마지막으로 퀴즈 카드를 활용해 학습 내용을 복습하며 흥미를 더하고, 모든 학습이 끝난 후 분류의 달인 도전 활동을 통해 교육 효과를 극대화할 수 있습니다.

이처럼 단계별 학습을 통해 아이들은 동물에 대한 흥미를 유지하며 지속적이고 깊이 있는 학습을 경험할 수 있습니다.

동물관찰 ➜ 먹이 ➜ 서식지 ➜ 한살이, 모방 ➜ 퀴즈 ➜ 분류의 달인

재미있게 배우는 수학

수학은 아무리 중요성을 강조하고 많은 시간을 투자해도 아이들에게는 여전히 어려운 과목으로 손꼽힙니다. 그 결과 '수포자(수학을 포기한 사람)'라는 말이 생겨나기도 했죠. 특히 초등학생들 중 수학에 어려움을 느끼는 아이들은 대부분 기본 연산 능력이 부족한 경우가 많습니다.

기본 연산 능력은 반복적인 연습을 통해 길러지지만, 반복적인 연습을 꺼리는 학생들은 수학을 좋아하지 않게 됩니다.

이와 같은 문제를 해결하기 위해 교육부가 개발한 것이 바로 똑똑! 수학탐험대입니다. 수학 수업 시간, 아이들은 수학책과 수학 익힘책을 마치면 어김없이 똑똑! 수학탐험대를 하게 해달라고 조릅니다. 아이들은 이것을 단순히 수학 공부라고 여기지 않고, 마치 놀이를 하는 것처럼 즐깁니다.

똑똑! 수학탐험대는 수학 학습에 흥미를 느끼지 못해 어려움을 겪는 아이들에게 더없이 좋은 해결책이 될 것입니다.

[그림 2-19] 똑똑! 수학탐험대 활용모습

1. 똑똑! 수학탐험대 특징

재미있게 배우는 수학을 위한 똑똑! 수학탐험대가 가지고 있는 가장 큰 특징은 게임형 학습으로 재미있게 구성된 것입니다. 게임을 통해 수학 문제를 해결하며 자연스럽게 개념을 익힐 수 있고 학습이 놀이처럼 느껴지기 때문에 부담 없이 공부할 수 있습니다.

[그림 2-20] 똑똑! 수학탐험대 제공 콘텐츠

똑똑! 수학탐험대는 아이들이 수학을 즐겁고 효율적으로 배울 수 있도록 다양한 학습 콘텐츠와 활동을 제공합니다. 똑똑! 수학탐험대는 교과활동, 자유활동, 탐험활동과 인공지능 추천활동 등이 있는데 교과활동부터 게임 기반 자유활동까지, 아이들의 학습 흥미와 성취감을 높여주는 체계적이고 효과적인 학습 지원 시스템입니다. 600여 종의 학습 활동과 3,500여 개의 평가 문항이 포함되어 있습니다.

교과활동에서는 단원과 차시별로 구성된 학습 콘텐츠와 개념 이해를 돕는 개념해설 영상, 복습을 위한 학습지를 제공합니다. 학습지는 자료실에서 다운로드할 수 있습니다.

자유활동에서는 미니게임 형식의 학습 활동을 통해 수학을 더 재미있게 배울 수 있습니다. 게임 속에서 문제를 풀며 학습 내용을 익히면서 즐거운 경험을 쌓을 수 있습니다.

평가는 차시별로 배우는 내용을 점검할 수 있는 차시 평가, 단원 마무리를 위한 단원 평가, 학습 수준을 진단하는 진단평가 등 다양하고 체계적인 평가 콘텐츠를 통해 학습 상태를 확인하며 보완할 수 있습니다.

탐험활동에서는 단계적인 학습 미션을 통해 기본 개념을 확립하고, 자기 주도적인 학습을 유도합니다. 1-2학년은 구출활동, 3-4학년은 해양탐험, 5학년은 환경보호, 6학년은 기후변화 활동을 할 수 있으며 탐험을 완료할 때마다 동물카드를 얻을 수 있습니다. 탐험을 통해 얻는 성취감은 아이들에게 강한 동기를 부여합니다.

디지털 교구에서는 수학 개념 이해를 돕기 위한 다양한 디지털 교구를 제공해, 수업 중에도, 혼자 공부할 때도 활용할 수 있습니다.

똑똑! 수학탐험대를 통해 부담 없이 학습 내용을 정리하고, 게임처럼 문제를 풀어가며, 수학을 싫어하던 아이들조차 적극적으로 참여하는 모습을 볼 수 있었습니다. PC(https://www.toctocmath.kr/)와 모바일(앱 설치) 모두에서 활용할 수 있고 무료로 사용할 수 있습니다.

부담은 줄이면서, 재미는 더하는 도구, 그것이 바로 똑똑! 수학탐험대의 가장 큰 매력입니다. "수학이 이렇게 재미있을 줄이야!"라고 아이들이 스스로 느끼게 만들어주는 특별한 시스템입니다.

2. 똑똑! 수학탐험대 활동 살펴보기

1) 회원가입

만 14세 미만 학생의 경우, 보호자의 동의가 필요합니다. 회원가입 과정에서 부모님의 휴대폰 본인 인증과 이메일 인증이 필요합니다. 또한, 회원가입 시 학생의 학년과 반을 입력해야 하며, 입력된 학년에 따라 이용 가능한 콘텐츠가 제한됩니다. 예를 들어, 3학년을 선택하면 1학년부터 3학년까지의 수학 콘텐츠를 이용할 수 있습니다.

2) 교과활동

똑똑! 수학탐험대의 교과활동은 학교에서 학습하는 수학 교과 내용을 바탕으로, 학생들이 개념을 쉽고 재미있게 이해할 수 있도록 돕는 학습 콘텐츠를 제공하며, 교육과정 기반으로 설계되어, 단원 및 차시별로 다양한 학습 자료를 제공하며, 학생들의 학습 이해도를 효과적으로 높이는 데 중점을 둡니다.

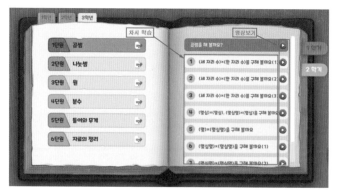

[그림 2-21] 똑똑! 수학탐험대 교과활동

교과활동은 단원 도입, 차시별 개념 이해, 그리고 배운 내용을 정리하는 과정을 지원하는 개념설명 영상과 각 단원에서 학습한 개념을 복습하고 확인할 수 있는 문항 학습지로 구성되어 있습니다. 개념설명 영상은 학습 흥미를 유발하는 단원 도입 영상부터 개념 이해를 돕는 차시별 설명 영상, 그리고 학습 내용을 정리하는 탐구 영상으로 구성되어 있습니다. 문항 학습지는 학생들이 배운 내용을 한 번 더 점검하며 실력을 쌓을 수 있는 유용한 자료로 활용됩니다.

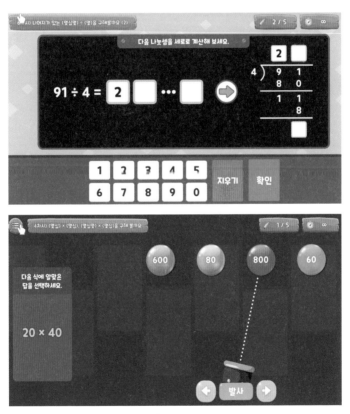

[그림 2-22] 교과활동 활동 모습

3) 자유활동

게임 형태의 다양한 미니게임을 통해 수학을 재미있게 학습할 수 있습니다. 대표적인 활동으로는 '생선을 지켜라, 짝꿍 카드 뒤집기, 스피드 레이싱, 분수나라 피자가게, 청기백기, 징검다리, 도형을 모아라'가 있습니다. 이 자유활동도 학년에 따라 다른 활동이 제공됩니다.

[그림 2-23] 자유활동 제공 콘텐츠

다양한 게임을 통해 즐겁게 문제를 풀 수 있는 활동을 소개합니다.

① 생선을 지켜라: 덧셈과 뺄셈을 활용해 생선을 지키는 게임입니다.

② 짝꿍 카드 뒤집기: 기억력 테스트 게임으로, 카드 짝을 맞추는 과정에서 다양한 비교 문제를 해결합니다.

③ 스피드 레이싱: 카레이싱을 즐기면서 동시에 다양한 수학 문제를 푸는 게임입니다.

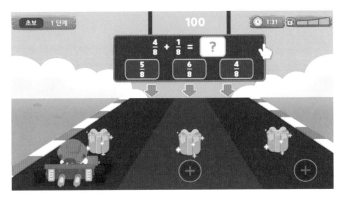

[그림 2-24] 스피드 레이싱

④ 분수나라 피자가게: 피자를 활용해 분수 덧셈 문제를 해결하는 재미
   있는 활동입니다.

⑤ 청기백기: 문제의 답을 청기와 백기로 선택하여 문제를 풉니다.

⑥ 징검다리: 문제를 풀어 징검다리를 건너는 게임입니다.

⑦ 도형을 모아라: 주어진 도형을 이동하거나 회전시켜 동일한 모양을
   만드는 게임입니다.

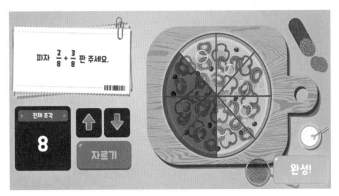

[그림 2-25] 분수나라 피자가게

4) 평가활동

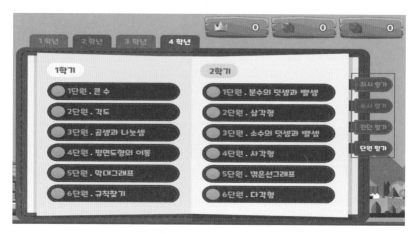

[그림 2-26] 평가활동

평가는 각 단원의 차시 평가, 수시 평가, 진단 평가, 단원 평가가 제공됩니다. 차시평가는 각 차시별로 개념을 확인 할 수 있는 2개의 문제가 제공됩니다. 수시평가는 단원을 마무리하고 평가할 수 있도록 10개의 문제로 구성되어 있습니다. 진단평가는 직전 학기에 배운 수학개념을 평가할 수 있습니다. 단원평가는 해당 단원을 마무리하고 배운 개념을 평가할 수 있는 문제로 구성되어 있습니다. 스마트 기기나 PC에서 문제를 바로 풀면서 평가하거나, 알려줘요-자료실에서 학습지를 다운로드해서 사용할 수도 있습니다.

5) 디지털 교구

초등학생은 직접 손으로 조작하며 개념을 구체화하는 과정이 특히 중요합니다. 다양한 수학 교구가 있으면 좋겠지만, 실제로 이를 모두 준비하기는 쉽지 않습니다. 대신, 디지털 교구를 활용하면 학생들이 직접 조작해보며 수학 개념을 구체적으로 이해하는 데 큰 도움이 됩니다.

이 디지털 교구들은 실제 수학 학습 도구를 가상 세계로 옮긴 형태로, 수업 시간에 수학 개념을 이해하는 데 도움을 주는 도구로 활용될 수 있습니다. 또한, 학생들이 혼자 공부할 때도 자유롭게 사용할 수 있습니다. 다양한 디지털 교구를 통해 학생들이 직접 조작하고 탐구하며 수학 개념을 효과적으로 이해할 수 있도록 지원합니다.

똑똑! 수학탐험대에서 제공하는 디지털 교구는 24가지입니다. 초등학교 저학년부터 고학년까지 필요에 맞게 선택해서 활용할 수 있습니다.

[그림 2-27] 디지털 교구

공간 지각 능력이 부족한 학생들에게 가장 어려운 것은 쌓기나무, 도형의 대칭, 전개도와 같은 활동입니다. 머릿속에서 도형을 상상하고 이를 돌리거나 뒤집어 보는 과정이 어려운 학생들은 디지털 교구를 활용하면 많은 도움을 받을 수 있습니다.

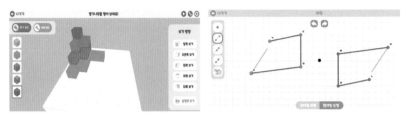

[그림 2-28] 디지털 교구-쌓기나무와 대칭

3. 활용을 위한 조언

똑똑! 수학탐험대는 가정에서 회원가입을 한 뒤, 학교에서는 OTP 로그인 기능을 통해 6자리 숫자를 입력하면 간편하게 접속할 수 있습니다.

이 프로그램은 학습 영상을 제공하고 쉬운 문제부터 기본 개념까지 익힐 수 있어 기초 학습이 필요한 학생들에게 효과적입니다. 또한, 학생들이 학습한 결과는 '확인해요' 메뉴에 들어가면 학습 시간과 평가 결과, 학습 결과 및 활동 성취도를 확인할 수 있습니다.

학생들과 함께 똑똑! 수학탐험대를 꾸준히 사용하다 보면, 쉬는 시간에도 "똑똑! 수학탐험대 하고 싶다"고 말할 만큼 학생들이 자발적으로 참여하게 되는 모습을 볼 수 있습니다.

새로운 단원을 미리 예습하거나 기초를 다질 필요가 있는 학생들에게 똑똑! 수학탐험대를 활용하면 매우 효과적일 것입니다.

애니메이티드 드로잉스. 스크루블리

아이와 함께 만드는 움직이는 세계

아이의 상상력이 현실에서 춤추고 뛰노는 순간을 경험해 보세요!

여러분의 아이가 그린 그림이 살아 움직인다면 어떨까요? 혹은 아이가 뛰고, 돌고, 손을 흔드는 동작을 프로그램 속 캐릭터가 따라 한다면요? 아이들은 무한한 상상력을 가지고 있습니다. 종이와 크레파스만 있다면 머릿속에 떠오르는 세계를 멋진 그림으로 표현할 수 있지요. 여기서 한 걸음 더 나아가, 창작한 그림을 디지털로 변환하는 과정을 통해 자신이 상상한 세계를 눈에 보이는 결과물로 구현하는 특별한 경험을 할 수 있습니다. 내 그림이 움직이는 모습, 나를 따라 움직이는 캐릭터를 본 아이는 '내가 해냈다.'는 성취감을 느끼며 자기 효능감을 키울 수 있습니다. 또한, 부모님이 아이와 함께 창작 과정에 참여하면서 정서적 유대감과 신뢰를 쌓는 소중한 시간도 만들어질 것입니다.

[그림 2-29] 애니메이티드 드로잉스, 스크루블리 결과물

1. 애니메이티드 드로잉스(Animated drawings) 알아보기

애니메이티드 드로잉스는 메타가 개발한 인터랙티브 도구로, 그림을 움직이는 애니메이션으로 변환해 주는 프로그램입니다. 브라우저와 인터넷만 있으면 PC나 스마트 폰에서 간편하게 사용할 수 있습니다. 이 프로그램은 추가 소프트웨어 설치가 필요 없고, 회원 가입이나 로그인을 요구하지 않아 누구나 손쉽게 사용할 수 있습니다.

아이가 그린 그림을 업로드하면, 프로그램이 자동으로 그림을 분석해 캐릭터를 디지털화합니다. 이후 원하는 동작을 선택하면 그림 속 캐릭터가 움직이는 애니메이션이 완성됩니다. 변환된 애니메이션은 원본 그림의 저작권을 침해하지 않고 이용 약관을 준수한다면, 상업적이든 비상업적이든 자유롭게 사용할 수 있습니다.

서비스의 지원 대상 OS는 윈도우/맥/iOS/안드로이드이며, PC나 스마트폰, 태블릿 등 다양한 기기에서 사용이 가능합니다.

[그림 2-30] 애니메이티드 드로잉스 (주소: https://sketch.metademolab.com/)

2. 움직이는 캐릭터 만들기

우선 그림을 그리는 데에 있어 인공지능 프로그램 적용상의 몇 가지 유의 사항이 있습니다.

① 캐릭터는 명확하게 그리기(단일 캐릭터, 단순한 배경 추천)

② 윤곽선은 선명하게 그리기

③ 캐릭터의 팔과 다리가 몸통과 겹치지 않게 그리기

[그림 2-31] 그림 그릴 때 유의 사항

다음 6가지의 간단한 조작으로 애니메이션을 만들 수 있습니다.

① Upload Photo를 눌러 그림을 업로드 합니다.

② 그림 인식이 된 것을 확인 후 NEXT를 누릅니다.

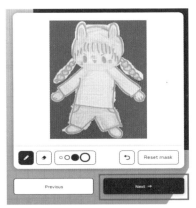 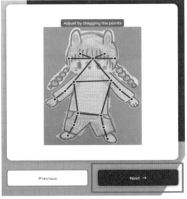

③ 원하는 영역만큼 윤곽으로 지정된 것을 확인 후 NEXT를 누릅니다.

④ 관절 포인트를 손가락으로 움직여 관절을 조절한 후 NEXT를 누릅니다.

TIP! 윤곽 인식 시 하얗게 된 부분이 인식된 부분이고 수정이 필요한 경우 연필이나 지우개 모양을 선택하여 윤곽을 수정하도록 합니다.

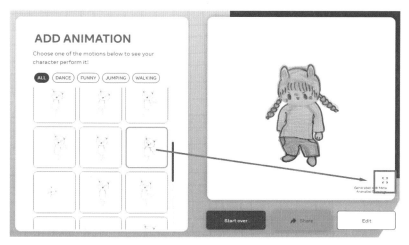

⑤ 왼쪽에서 여러 동작을 눌러 살펴본 뒤 원하는 동작을 고른 후
오른쪽 아랫부분의 ⋈(확대표시)를 누릅니다.

⑥ 우측 하단의 점 세 개-다운로드를 눌러 애니메이션을 저장하고
작품을 감상합니다.

아이 사진에 애니메이션 효과를 더하는 것도 가능합니다.

① Upload Photo를 눌러 사진을 업로드 합니다.

② 그림 인식이 된 것을 확인 후 NEXT를 누릅니다.

TIP! 스마트폰 AI 기능이나 https://www.remove.bg/와 같은 사이트를 이용
하여 사진의 배경을 지운 파일을 업로드하면 더욱 인식이 잘 됩니다.

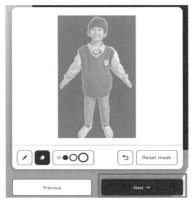 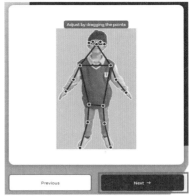

③ 원하는 영역만큼 윤곽으로 지정된 것을 확인 후 NEXT를 누릅니다.

④ 관절 포인트를 손가락으로 움직여 관절을 조절한 후 NEXT를 누릅니다.

⑤ 왼쪽에서 여러 동작을 눌러 살펴본 뒤 원하는 동작을 고른 후
　오른쪽 아랫부분의 ⬚(확대표시)를 누릅니다.

⑥ 우측 하단의 점 세 개-다운로드를 눌러 애니메이션을 저장하고
　작품을 감상합니다.

애니메이션 완성!

3. 스크루블리(Scroobly) 알아보기

스크루블리는 인공지능이 사용자의 움직임을 인식해서 귀여운 캐릭터 애니메이션으로 만들어 주는 프로그램입니다.

이 프로그램은 전문적인 지식이나 코딩 없이 카메라 하나만으로도 재미있는 애니메이션을 제작할 수 있습니다. 회원 가입이나 로그인이 필요 없어서 가정에서도 PC나 스마트폰으로 간편하게 사용할 수 있습니다. 프로그램 사용을 위하여 카메라를 켜야 하지만, 스크루블리는 이미지를 수집하거나 데이터를 저장하지 않으므로 안심하고 사용할 수 있습니다.

카메라를 통해 사용자의 얼굴과 움직임을 분석한 뒤, 이를 실시간으로 애니메이션에 반영하는데, 만약 머리를 흔든다면 화면 속 캐릭터도 같이 머리를 흔들게 되는 것이지요. 특별한 날 (생일, 기념일 등)을 위해 스크루블리로 만든 애니메이션 동영상으로 디지털 카드를 만들어 보거나 내가 만든 움직임으로 캐릭터 댄스, 체조 동영상을 만들어 보는 것은 어떨까요?

[그림 3-32] 스크루블리 (주소: https://www.scroobly.com/)

4. 나를 따라하는 캐릭터 애니메이션 만들기

1) 프로그램 속 캐릭터 선택하여 만들기

① start – next – next를 차례로 누릅니다.

② 카메라 사용 권한 요청이 뜨면 '허용'을 누릅니다.

③ 카메라가 켜지면 몸을 움직여 움직임 인식이 되는지 확인합니다.

④ 아랫부분에서 원하는 캐릭터를 고릅니다.

　AR이라고 적힌 캐릭터는 뒷배경이 실제 배경으로 보입니다.

　그래서 증강 현실처럼 연출이 가능합니다. 또 이때 배경(background)

　on/off 선택이 가능한데, off를 선택하면 하얀 배경으로 바뀌게 됩니다.

⑤ 화면 중앙의 녹화 버튼 누르고 몸을 움직여 나를 따라하는 캐릭터 영상을 녹화합니다.

⑥ 원하는 분량이 나오면 정지 버튼을 누릅니다.(최대 15초)

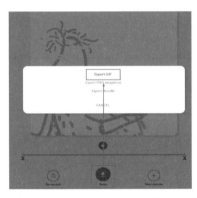

⑥ save를 누르고 원하는 저장 형식을 선택하여 저장하면 완성!

Export Gif: 움직이는 이미지 파일

Export PNG sequence: 프레임 단위로 나눈 연속 PNG 형식 압축파일

Export doodle: 자바스크립트 파일

별도의 조작없이 움직이는 이미지 파일을 바로 다운받고 싶다면 Export Gif를 추천합니다.

2) 기존 몸통에 그림을 추가하여 나만의 캐릭터 만들기

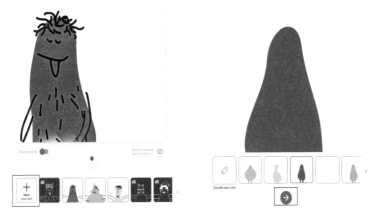

① +버튼(make your own)을 누릅니다.

② 원하는 몸통을 고르고 → 화살표를 누릅니다.

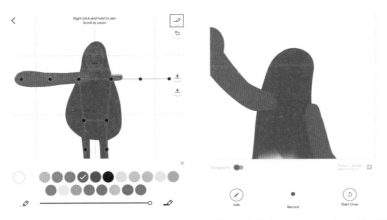

③ 그리기(연필모양) 선택- 색상 및 굵기를 선택하여 관절포인트 위, 몸통
등 여러 곳에 그림(팔 등)을 추가하여 그려줍니다.

Record – Stop – Save – Export Gif를 차례로 눌러 동영상으로 저장합
니다.

3) 몸통, 팔다리 모두 내가 그려 나만의 캐릭터 만들기

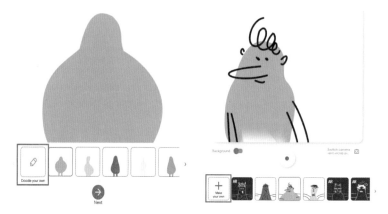

① +버튼(make your own)을 누릅니다.

② Doodle your own을 누릅니다.

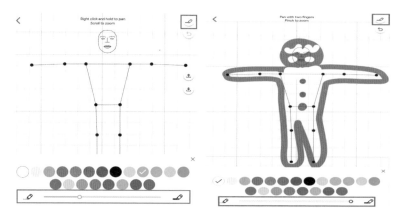

③ 그리기(연필모양) 선택 - 색상 및 굵기를 선택하여 관절 포인트를 중심으로 캐릭터를 그려줍니다.

④ 하단의 preview를 누릅니다.

Record – Stop – Save – Export Gif를 차례로 눌러 동영상으로 저장합
니다. 완성~

5. 활용을 위한 조언

애니메이티드 드로잉스를 통해 아이들이 직접 만든 캐릭터를 움직이며
이야기를 표현하게 해보세요. 창의력과 자신감이 쑥쑥 자라날 것입니다.
스크루블리는 아이들의 움직임을 애니메이션 캐릭터로 변환해 발표나 스
토리텔링에 생동감을 더해주는 도구로, 기술과 창의력을 동시에 키울 수
있습니다. 두 프로그램은 AI와 모션 캡처 기술을 체험하며 최신 기술에 대
한 흥미를 자연스럽게 키울 기회를 제공합니다. 또한, 아이들이 감정과 생
각을 캐릭터로 표현하여 자신감을 키우고, 내성적인 아이도 소통의 기쁨을
느낄 수 있도록 돕습니다. 두 프로그램 모두 조작이 간단해 가족과 함께 창
의적인 시간을 보내거나 친구들과 협력하며 즐길 수 있습니다.

누구나 웹툰 작가!

우리 아이들은 스마트폰으로 무엇을 하고 있을까요? 게임을 하거나 유튜브를 보며 시간을 보내는 경우가 많지 않은가요? 하지만 단순히 콘텐츠를 소비하는 데 그치지 않고, 직접 이야기를 만들며 상상력을 표현하는 창작자로 거듭날 수 있다면 어떨까요? 망고툰은 아이들에게 이런 창작의 기쁨을 선사하는 특별한 디지털 도구입니다.

망고툰은 누구나 쉽고 재미있게 웹툰을 만들 수 있도록 설계된 창작 플랫폼입니다. 그림 실력이 부족해도 걱정할 필요가 없습니다. 아이들이 창의력과 상상력을 발휘하기만 하면 망고툰은 아주 멋지고 다양한 작품을 만들어 줍니다. 특히 웹툰을 좋아하는 모든 아이들에게 더욱 매력적인 디지털 도구입니다.

스마트폰을 창작의 도구로 활용해 아이들이 즐겁게 배우고 성장할 수 있도록 망고툰과 함께 새로운 가능성을 열어보세요!

[그림 2-33] 학생 예시 작품

1. 망고툰의 특징

1) 누구나 쉽게 제작

이 플랫폼의 가장 큰 장점은 그림 실력과 무관하게 웹툰을 제작할 수 있다는 점입니다. 사용자는 미리 저장된 다양한 등장인물 이미지를 선택하고, 이들의 동작과 표정을 자유자재로 변경할 수 있습니다. 그림을 직접 그리지 않고도 자신만의 웹툰을 얼마든지 제작할 수 있습니다.

2) 편리한 제작 환경

망고툰에서 캐릭터, 말풍선, 소품, 배경 등 웹툰의 주요 요소들을 손쉽게 추가하고 조작할 수 있습니다. 사각형 컷 안에 이러한 요소들을 자유롭게 배치할 수 있어, 사용자의 창의성을 최대한 발휘할 수 있게 해 줍니다. 이러한 편리한 컷 편집 인터페이스는 특허까지 출원된 망고툰만의 독특한 기능입니다.

3) 다양한 활용 범위

망고툰의 활용 범위는 매우 다양합니다. 순수한 만화 제작뿐만 아니라 홍보, 마케팅, 교육, 정보 공유 등 다양한 목적으로 활용될 수 있습니다. 예를 들어, 기업에서는 제품 소개나 브랜드 스토리를 웹툰 형식으로 제작할 수 있고, 학교에서는 학습 내용을 재미있게 전달하는 도구로 사용할 수 있습니다. 또한 카드 뉴스나 안내문 등 다양한 형태의 시각적 콘텐츠를 제작하는 데에도 활용될 수 있어, 그 쓰임새가 매우 광범위합니다.

4) 접근성

망고툰에 회원가입만 하면 워터마크 없이 무료로 사용할 수 있어, 누구나 부담 없이 시작할 수 있습니다. 또한 다양한 템플릿을 제공하여 웹툰 제작 경험이 전혀 없는 초보자도 쉽게 사용할 수 있도록 배려하고 있습니다. 이러한 특징들로 인해 망고툰은 디지털 시대의 창작 도구로서 큰 주목을 받고 있으며, 앞으로도 더 많은 사람들이 자신의 이야기를 쉽고 재미있게 표현할 수 있는 플랫폼으로 자리 잡을 것으로 기대됩니다.

[그림 2-34] 학생 예시 작품 중

2. 망고툰으로 웹툰 제작하기

1) 회원가입

망고툰 회원가입은 간단하고 편리한 과정으로 이루어집니다. 먼저 망고툰 홈페이지에 접속한 후, 상단 우측에 있는 '회원가입' 버튼을 클릭합니다. 회원가입 방법은 크게 두 가지로 나뉩니다.

첫 번째는 SNS 계정을 이용한 간편 회원가입입니다. 카카오톡, 구글, 네이버 등 평소에 자주 사용하는 소셜 미디어 계정을 선택하여 빠르게 가입할 수 있습니다. 이 방법을 선택하면 별도의 이메일 인증 과정 없이 기본 정보만 입력하면 됩니다.

두 번째는 일반 회원가입 방식입니다. 이 경우 이메일 주소를 입력하고 인증 절차를 거쳐야 합니다. 기본 정보를 입력한 후, 이용약관에 동의하면 회원가입이 완료됩니다. 회원가입 시 14세 미만 사용자의 경우 법정 대리인의 동의가 필요합니다.

회원가입이 완료되면 망고툰과 망고보드 서비스를 모두 이용할 수 있게 됩니다. 로그인 후 상단 메뉴가 변경되어 '나의 작업', '마이페이지' 등의 옵션이 나타나며, 이를 통해 자신만의 웹툰 제작을 시작할 수 있습니다.

[그림 2-35] 망고툰 홈페이지

2) 기본 화면 설명

에디터의 좌측 도구 창에는 웹툰 제작에 필요한 다양한 도구들이 포함되어 있습니다. 펜, 브러시, 지우개 같은 기본 도구와 함께 말풍선, 텍스트, 배경, 스티커 등을 추가할 수 있으며, 도형 및 패턴 삽입 같은 고급 기능도 제공합니다.

중앙 페이지 화면은 사용자가 실질적으로 작업을 진행하는 공간으로, 그리는 작품과 시각적 효과를 실시간으로 확인할 수 있는 핵심적인 부분입니다. 캔버스 크기를 조정하고, 드래그 및 확대/축소 기능을 활용해 세부 작업이 쉬우며, 레이어 기반 작업을 통해 각 요소를 독립적으로 조작하고 관리할 수 있습니다. 이를 통해 복잡한 장면도 효율적으로 제작할 수 있습니다.

우측 옵션 창은 선택한 요소(예: 말풍선, 캐릭터, 배경 등)의 세부 조정을 위한 공간입니다. 이곳에서 모양, 크기, 색상, 투명도 등 다양한 설정을 변경할 수 있으며, 애니메이션 작업 시 움직임 속도와 효과를 추가하거나 조정할 수도 있습니다.

[그림 2-36] 기본 화면

3) 웹툰·애니메이션 시작 방법

완전히 새로운 작품을 시작하고자 하는 사용자들의 경우 빈 슬라이드에서 시작하여 사용자가 모든 작업을 독창적으로 구성할 수 있습니다. 하지만 시간을 절약하거나 디자인 초안을 빠르게 완성하고자 한다면, 템플릿을 기반으로 작업하는 것이 유용합니다. 망고툰에서는 다양한 장르(예: 로맨스, 판타지, 액션 등)에 맞는 템플릿을 제공하며, 사용자는 이를 기반으로 원하는 대로 수정할 수 있습니다.

4) 주요 기능 소개

① 컷 사용법

웹툰의 각 장면을 구성하는 컷(프레임)을 원하는 위치에 추가하고, 크기와 형태를 조정할 수 있습니다. 컷의 순서를 바꾸거나 분할해 다이내믹한 연출도 가능합니다. 컷 사이에 여백을 추가해 화면 전환 효과를 주거나, 다양한 크기를 활용해 감정이나 상황을 강조할 수 있습니다.

[그림 2-37] 컷 추가

② 페이지 관리

새 페이지를 추가하거나 삭제할 수 있으며, 드래그 앤 드롭으로 순서를 쉽게 변경할 수 있습니다. 작업 중인 페이지를 미리보기로 확인해 완성도를 점검할 수 있습니다. 삭제된 페이지는 복원 가능하며, 여러 페이지를 한꺼번에 관리할 수 있어 효율적입니다.

[그림 2-38] 페이지 관리

③ 캐릭터 추가 및 편집

기본 제공되는 캐릭터 템플릿에서 선택하거나 직접 원하는 외형을 설정
해 캐릭터를 추가합니다. 캐릭터의 표정, 의상, 헤어스타일을 커스터마이
징하고 동작을 추가해 스토리에 맞게 생동감을 줍니다. 스토리 전개에 따
라 캐릭터를 복제하거나 조정해 여러 장면에 활용할 수 있습니다.

[그림 2-39] 캐릭터 추가 및 편집

④ 텍스트와 말풍선 사용

스토리의 대사와 효과음을 말풍선 안에 입력해 캐릭터의 대화나 상황을
전달합니다. 다양한 형태의 말풍선을 제공하며, 텍스트의 크기, 위치, 색상
등을 자유롭게 조정할 수 있습니다. 말풍선을 추가해 대화를 시각적으로
정리하거나 효과적인 연출을 돕습니다.

[그림 2-40] 텍스트와 말풍선

⑤ 배경 추가

제공되는 기본 배경을 활용하거나 직접 올린 이미지를 사용해 장면의 분위기를 구성합니다. 배경의 크기, 위치, 밝기, 흐림 효과 등을 조정해 특정 감정을 강조할 수 있습니다. 컷마다 다른 배경을 적용하거나 반복적으로 사용하는 배경을 저장해 편리하게 활용할 수 있습니다.

[그림 2-41] 배경 편집

⑥ 레이어 활용

배경, 캐릭터, 텍스트, 효과 등을 각각 레이어로 나눠 관리해 세밀한 편집이 가능합니다. 각 레이어의 순서를 조정해 요소 간의 겹침을 자연스럽게 설정할 수 있습니다. 레이어를 잠그거나 병합해 작업 속도를 높이고, 원하는 부분만 수정할 수 있습니다.

⑦ 애니메이션 기능

망고툰의 애니메이션 기능은 캐릭터와 오브젝트에 이동, 회전, 확대/축소 등의 동작을 추가하여 장면을 더 생동감 있게 만들 수 있습니다. 캐릭터의 표정 변화나 걷기, 뛰기 같은 동작을 설정해 감정을 섬세히 표현하며, 배경에도 움직임을 추가해 몰입도를 높일 수 있습니다. 프레임별 타임라인 관리로 애니메이션의 시작과 종료 시간을 정밀하게 조정하며, 여러 효과를 동시에 관리할 수 있습니다. 줌인, 줌아웃, 흔들림, 투명도 변화 등 다양한 효과로 긴장감이나 감정을 극대화할 수 있습니다. 이 모든 기능은 장면을 더 역동적이고 매력적으로 만드는 데 도움을 줍니다.

[그림 2-42] 애니메이션 기능

⑧ AI 기능

망고툰은 다양한 AI 기능을 제공하여 사용자들이 쉽고 효과적으로 웹툰과 애니메이션을 제작할 수 있도록 지원합니다. AI 음성 합성 서비스를 통해 사용자들은 다양한 언어와 감정을 담은 자연스러운 음성을 애니메이션에 추가할 수 있습니다. 또한 AI 이미지 생성 기능을 통해 사용자가 원하는 맞춤형 이미지를 쉽게 만들 수 있으며, AI 갤러리에서 다양한 고품질 이미지를 제공받을 수 있습니다.

망고툰은 AI 배경 제거, AI 지우개, AI 화질 개선 등의 기능도 제공하여 사용자들이 전문적인 기술 없이도 고품질의 웹툰과 애니메이션을 제작할 수

있도록 돕고 있습니다. 망고툰의 이러한 AI 기능들은 사용자들이 전문적인
기술 없이도 고품질의 웹툰과 애니메이션을 제작할 수 있도록 도와줍니다.

[그림 2-43] AI 기능

3. 활용을 위한 조언

망고툰은 학생들의 학습과 창의적 표현을 위한 혁신적인 디지털 플랫폼
으로, 다양한 교육 분야에서 활용할 수 있습니다. 학교 프로젝트, 독서, 역
사, 과학 등 여러 학습 영역뿐만 아니라 동아리 활동 소개, 개인 활동 기록,
가족 이벤트 기록 등에도 유용하게 사용될 수 있습니다. 이 도구는 학생들
의 협업 능력, 창의력, 시각적 표현력을 종합적으로 발전시키는 효과적인
교육 플랫폼입니다.

망고툰으로 아이들이 아이디어를 창의적으로 시각화하는 경험을 통해서
디지털 시대의 새로운 소통 방식을 자연스럽게 키워나가세요!

[그림 2-44] 큐알: 망고툰 튜토리얼 강좌 (출처: 망고툰)

Code.org, 엔트리

차근차근 코딩 첫걸음

2022 개정 교육과정이 학교에 도입되면서 정보교육 시수가 대폭 늘어났습니다. 기존 17시간이었던 초등학교 정보 수업이 34시간으로 확대되었으며, 이는 정보교육의 중요성을 반영한 변화입니다. 정보교육은 아이들이 문제를 분석하고 해결할 수 있는 사고력을 키우는 데 중점을 둡니다. 이 사고력 중에서 중요한 요소인 컴퓨팅 사고력의 기초는 바로 절차적 사고입니다. 그렇다면 절차적 사고란 무엇일까요? '절차적 사고'는 문제를 단계적으로 나누고, 그 해결 방법을 체계적으로 설계하는 사고방식입니다. 예를 들어, 음식을 만들 때 조리법을 따르거나 블록을 조립할 때 각 단계를 계획하는 과정도 절차적 사고에 해당합니다. 이처럼 하나의 복잡한 과제를 여러 작은 단위로 나누어 해결하는 방식이 바로 절차적 사고입니다.

코딩은 이러한 절차적 사고를 바탕으로 문제를 해결하는 과정입니다. 컴퓨터 프로그래밍은 문제를 단계적으로 풀어가는 구조를 따르기 때문에, 코딩 교육은 아이들의 절차적 사고를 효과적으로 기를 수 있는 방법입니다. 하지만 꼭 컴퓨터 학원에 다녀야 할 필요는 없습니다. 집에서도 손쉽게 코딩을 시작할 수 있습니다. 바로 '엔트리'와 'code.org'와 같은 교육 플랫폼을 이용하는 것이죠. 이러한 플랫폼을 통해 아이들은 혼자서도 재미있게 코딩의 기초를 차근차근 배울 수 있습니다.

지금부터 소프트웨어에 대한 기본적인 이해부터 기초 코딩까지, 어떻게 시작하면 좋을지 자세하게 소개해 드리겠습니다.

1. Code.org란?

[그림 2-45] https://code.org/

Code.org는 전 세계 아이들과 청소년들이 코딩을 배우고 컴퓨터 과학을 쉽게 접할 수 있도록 돕는 비영리 교육 플랫폼입니다. 2013년에 설립된 Code.org는 학습자들이 컴퓨터 과학과 프로그래밍의 기초를 쉽고 재미있게 배울 수 있도록 다양한 온라인 교육을 제공합니다. Code.org에서는 미취학 아동을 위한 기본적인 마우스 활용법(클릭, 드래그 앤 드롭 등)부터 고등학생을 위한 고급 프로그래밍 언어와 개념까지 폭넓은 교육이 가능합니다.

Code.org는 모든 콘텐츠를 무료로 제공하며, 웹 기반으로 운영되기 때문에 별도의 프로그램 설치 없이 인터넷이 연결된 PC만 있으면 언제 어디서든 손쉽게 접근할 수 있습니다. 코딩뿐만 아니라 알고리즘, 데이터 구조, 문제 해결 전략 등 컴퓨터 과학의 핵심 개념도 체계적으로 학습할 수 있습니다. 또한, 실제 프로그래밍 과정을 경험하며 절차적 사고를 포함한 논리적 사고 능력을 효과적으로 개발할 수 있습니다.

2. Code.org에서 학습하기

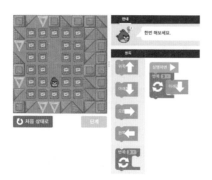 

[그림 2-46] Code.org 제공 학습 장면 및 피드백

Code.org에서 학습하는 것은 직관적이어서 한 번만 따라 해 보면 누구나 쉽게 이해하고 활용할 수 있습니다. 기본 언어는 영어로 설정되어 있지만, 클릭 몇 번으로 손쉽게 원하는 언어로 변경할 수 있습니다. 또한, 회원 가입 없이도 대부분의 기능을 사용할 수 있습니다. 학습 진행 상황을 관리하려면 회원 가입이 필요하지만, 처음에는 로그인 없이 사용해 보고 아이에게 적합하다고 느껴지면 회원 가입을 진행하면 됩니다. 회원가입과 콘텐츠 이용료는 모두 무료입니다.

① https://code.org/에 접속하여 오른 쪽 하단에서 언어를 변경합니다.

② [학습 시작] 버튼을 누릅니다.

나에게 맞는 학습 기회를 찾아보세요!

눈길을 끄는 비디오, 자기 주도형 튜토리얼, 프로그래밍 활동 등을 통해 컴퓨터 과학의 세계를 탐구해보세요!

학년: 유치원 - 초등 5학년

Learning for Ages 5 to 11

아워오브코드로 시작한 다음, 익스프레스 과정에서 더 많은 블록 기반 코딩을 살펴보세요. 재미있는 프로그래밍 환경인 Sprite Lab에서 창의력을 발휘하거나 멋진 동영상을 시청하여 주요 주제에 대해 더 알아보세요. 탐구할 것이 너무 많아요!

> **5-11세 아동을 위한 학습 살펴보기**

학년: 6-12세+

Learning for Ages 11 and Up

아워오브코드를 체험하거나 앱, 게임, 애니메이션 제작에 관한 자기 주도형 과정을 확인해 보세요. 웹 랩, 게임 랩, 앱 랩 프로그래밍 환경에서 자신만의 작업을 수행해 보세요. 또한 AI, 프로그래밍 경력, 장학금 등에 대해서도 자세히 알아보세요.

> **11세 이상 학생을 위한 학습 살펴보기**

③ 아이의 연령이나 수준을 고려하여 [학습 살펴보기]를 선택합니다.

5-7세

프리리더 익스프레스 과정

자신의 속도에 맞춰 컴퓨터 과학을 배우세요! 컴퓨터 프로그램을 만드는 법을 배우고, 문제 해결 능력을 키우고, 재미있는 도전을 해결하세요! 게임과 창의적인 프로젝트를 만들어 친구, 가족, 선생님과 공유하세요.

> **프리리더 과정 시작**

7-11세

익스프레스 과정

자신의 속도에 맞춰 컴퓨터 과학을 배우세요! 컴퓨터 프로그램을 만드는 법을 배우고, 문제 해결 능력을 키우고, 재미있는 도전을 해결하세요! 게임과 창의적인 프로젝트를 만들어 친구, 가족, 선생님과 공유하세요.

> **익스프레스 과정 시작**

④ 학습하고 싶은 과정을 선택합니다.

시퀀싱	
레슨 이름	진행도
1. 앵그리 버드로 프로그래밍	1 2 3 4 5 6 7 8 9 10 11 12 13
2. 미로 내 디버깅	1 2 3 4 5 6 7 8 9 10
3. 라우젤로 보물 모으기	1 2 3 4 5 6 7 8 9 10 11 12 13
4. 코드로 아트 창작	1 2 3 4 5 6 7 8 9 10

⑤ [익스프레스 과정 시작] 버튼을 누르면 위와 같은 화면이 뜹니다. 학
습 주제를 정하고 1번부터 클릭하여 학습을 시작합니다.

⑥ 사각형 숫자는 개념이며 원 숫자는 활동입니다. 학습을 완료하면 도
형 내부가 초록색으로 바뀝니다.

4. 엔트리란?

Code.org는 한국어를 지원하지만, 일부 표현이 어색하거나 번역이 누락
된 부분이 있을 수 있습니다. 영어가 부담스럽다면, 기본적으로 한국어 환
경을 제공하는 '엔트리'를 추천합니다. 엔트리는 네이버 커넥트재단에서
운영하는 비영리 교육 플랫폼으로, 블록 코딩을 통해 게임 등 다양한 프로
젝트를 직접 만들고 공유할 수 있습니다. 또한, Code.org와 마찬가지로 회
원가입 없이 무료로 이용할 수 있으며, 별도의 프로그램 설치 없이 인터넷
이 연결된 PC만 있으면 손쉽게 접근할 수 있습니다.

5. 엔트리에서 학습하기

엔트리 홈페이지(https://playentry.org/) 상단에서 [생각하기], [만들기], [공유하기], [커뮤니티] 등 다양한 기능을 확인할 수 있습니다. 그중 [생각하기]-[엔트리 학습하기] 기능은 코딩의 첫걸음을 떼는 아이들이 엔트리봇과 함께 문제를 해결하고 알고리즘을 익힐 수 있는 기능입니다.

생각하기	만들기	공유하기	커뮤니티
엔트리 학습하기	작품 만들기	작품 공유하기	묻고 답하기
교과서 실습하기	교과형 만들기	스터디 공유하기	노하우&팁
	스터디 만들기		엔트리 이야기
			공지사항
			탐험하기 Beta

① [생각하기]-[엔트리 학습하기]를 누릅니다.

안녕, 엔트리봇!

코딩이 처음인가요?
블록코딩으로 엔트리봇을 깨워주세요!

시작하기 ▶

② [시작하기] 버튼을 누릅니다.

③ 튜토리얼(지침)에 따라 문제를 해결하며 코딩에 대해 학습합니다.

④ 다음으로 엔트리봇 미션을 해결합니다. 미션 난이도와 문제 상황 확인 후, 블록 꾸러미에서 블록을 조립하며 문제를 해결합니다.

음성 인식
소리 연구소
인공지능은 사람의 음성을 문자로 바꿀 수 있어요.

사람 인식
나를 따라해
엔트리봇이 사람의 모습을 인식하고 포즈를 따라해요.

얼굴 인식
AR 카메라
직접 그린 액세서리를 카메라 화면의 얼굴에 착용해요.

문자 인식
찰칵! 강아지를 도와줘
인공지능은 카메라에 보이는 문자를 인식할 수 있어요.

⑤ 인공지능 기술이 어떻게 사용되는지 간단히 체험해 볼 수 있습니다. 지금까지 배운 블록 코딩과 AI 기술을 활용해 [만들기]에서 멋진 작품을 만들 수 있습니다.

6. 활용을 위한 조언

Code.org의 학습하기(Learn) 콘텐츠 2022 버전은 한국어를 포함한 6가지 언어로 제공되었지만, 2024 버전부터는 영어로만 지원됩니다. 가장 좋은 영어 공부 방법은 다른 주제를 영어로 배우는 것이라는 말이 있습니다. 그 말처럼 컴퓨터 과학을 영어로 배워보는 건 어떨까요? 영어 실력과 컴퓨터 과학 지식을 동시에 얻는 일석이조의 효과를 누릴 수 있습니다.

블록 코딩 학습에 집중하고 싶다면 한국어 기반의 '엔트리'를 추천합니다. 여기에서는 주로 [생각하기]-[엔트리 학습하기] 기능을 소개해 드렸지만, [만들기] 기능에서는 아이가 상상한 예술 작품이나 생활 도구를 블록 코딩으로 직접 제작할 수 있습니다. 이렇게 만든 작품을 다른 사람에게 뽐내고 의견을 듣는 [공유하기] 기능과 노하우를 나눌 수 있는 [커뮤니티] 기능이 있어 다른 사람과 소통하며 자기 작품을 발전시킬 수 있습니다.

　지금까지 소개해 드린 코딩 교육 플랫폼들을 활용해 보세요. 학습 과정 속에서 아이가 절차적 사고를 익히고 영어와 컴퓨터 과학 지식을 함께 배우며 더 넓은 세상을 탐험할 수 있습니다.

제3장

고학년부터

학부모, 교사, 아이가 함께 보는
최신 AI 에듀테크 코스웨어 활용 가이드

증강현실로 체험하는 빛 실험

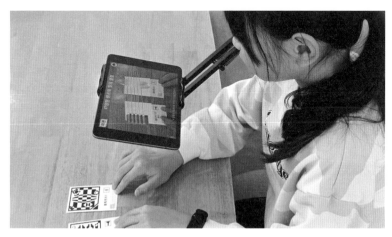

[그림 3-1] 증강현실로 빛 실험 체험하기

지구상에 존재하는 거의 모든 생물은 태양으로부터 오는 빛을 에너지의 근원으로 사용합니다. 시아노박테리아를 비롯하여 김, 미역, 다시마와 같은 조류와 엽록체가 있는 식물은 태양의 빛 에너지를 양분 합성에 직접적으로 사용하기도 합니다. 사람을 비롯한 동물은 양분을 직접 만들지는 못하지만 태양의 빛 에너지를 이용하여 양분을 만든 다른 생물을 먹이로 하므로 궁극적으로는 동물들 또한 태양의 빛 에너지를 이용하는 것이라고 할 수 있습니다.

빛은 인간의 생활 속에서 매우 다양하게 활용됩니다. 빛은 주변을 밝게 만들어주는 역할을 하여 실내를 밝히거나 도로를 밝히는 조명으로 사용이 됩니다. 크리스마스트리와 같이 이벤트나 건축물, 축제에서 분위기를 조성하는데 사용되기도 합니다. 또한 등대나 자동차의 깜빡이, 신호등과 같이 간단한 정보를 사람들에게 전달하기도 하며 인터넷이나 음향에서는 광섬유를 이용하여 많은 양의 정보를 빠르게 전달하기도 합니다. 뿐만 아니라 빛의 색을 조절하면 TV, 컴퓨터, 스마트폰 화면에 활자나 이미지를 표현할 수도 있습니다.

이처럼 빛은 생물의 삶에 큰 영향을 미칩니다. 그리고 빛은 그 자체만으로도 과학적으로 탐구할만한 가치가 있으며 실험적으로도 매우 흥미로운 요소를 지니고 있습니다.

[그림 3-2] 쉽게 구할 수 있는 볼록렌즈를 이용한 빛 모으기 실험

문방구나 팬시점에서도 쉽게 구할 수 있는 돋보기나 졸보기만으로도 빛과 관련된 재미있고 다양한 실험을 할 수 있습니다. 하지만, 이 도구만으로는 빛의 진행 방식과 성질을 학습하기가 어렵습니다. 빛이 나아가는 모습

이 눈으로 잘 보이지 않기 때문입니다. 중학교 교육과정에서도 빛이 나아가다가 거울에서 반사가 되거나 렌즈를 투과하며 굴절이 되는 과정을 다양한 방법으로 실험을 하지만 교과서처럼 보이지 않으며 레이저를 사용하는 경우에는 위험할 수도 있습니다.

AR 빛 실험실 앱을 이용하면, 빛과 관련된 기본적인 실험을 수행하고 개념도 실험을 통해 익힐 수 있습니다.

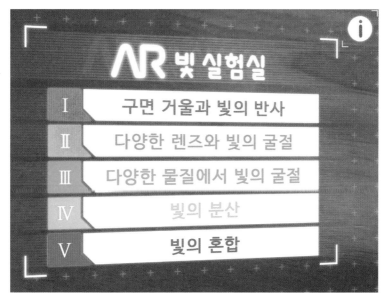

[그림 3-3] AR 빛 실험실 메뉴

AR 빛 실험실은 2016년에 당시 정보통신과학기술부와 한국과학창의재단의 지원으로 무료로 사용이 가능하도록 개발된 앱입니다. 이후 관련 프로젝트가 종료되고 지속적인 지원이 이루어지지 않아 시스템의 변화에 맞추어 업데이트가 되지 않는 바람에 지금은 앱스토어나 플레이스토어에서 내려 받을 수 없습니다. 하지만 안드로이드 기기에서 설치할 수 있는 apk 파일은 자료실에서 내려받을 수 있으니 스마트기기에 내려받은 후 설치하여 실험을 할 수 있습니다. 실험은 총 5개로 구성되어 있으며 각각의 실험마다 사용할 수 있는 카드(마커)가 따로 있습니다. 마커 또한 책자의 자료실에서 다운로드하여 출력할 수 있습니다. 실험의 메뉴와 동일한 마커를 사용해야 한다는 점을 주의해야 합니다. 실험의 종류와 다른 마커를 사용하면 인식을 하지 못합니다. 다행스럽게도 각각의 실험마다 색으로 구분이 되어 있어 찾는 것이 어렵지 않습니다.

1. 구면거울과 빛의 반사 실험

[그림 3-4] 평면거울에 레이저 빛이 반사되는 실험

첫 번째 실험인 '구면거울과 빛의 반사'는 다양한 거울에서 빛이 어떻게 반사되는지를 탐구하는 실험입니다. 앱을 실행시킨 후 카메라로 마커를 비추면 증강현실로 실험 기구가 나오며 마커를 움직여 직접 실험을 할 수 있습니다. 광원으로는 1구와 5구 빨강색 레이저가 있으며 거울은 평면거울,

볼록거울 2종, 오목거울 2종, 직각거울, 원형거울이 있습니다. 각각의 거울에서 빛이 반사되는 모습을 실질적으로 관찰할 수 있습니다.

2. 다양한 렌즈와 빛의 굴절

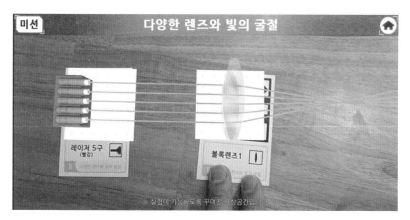

[그림 3-5] 볼록렌즈를 통과한 빛의 굴절 실험

누 번째 실험인 다양한 렌즈와 빛의 굴절은 다양한 종류의 렌즈에서 빛이 어떻게 굴절되는지 알아볼 수 있는 실험입니다. 방법은 이전의 실험과 동일합니다.

이 실험에서도 광원으로는 1구와 5구 빨간색 레이저가 있으며 렌즈는 볼록렌즈 3종, 오목렌즈 3종, 원형렌즈로 구성되어 있습니다. 이 앱의 장점은 증강현실로 구현된 렌즈를 통과한 빛이 굴절되는 모습에서 찾을 수 있었습니다. 많은 책에서는 양쪽이 볼록한 렌즈를 통과하는 빛이 한 번만 굴절하는 것으로 표현합니다. 빛의 굴절은 매질이 달라지는 렌즈의 표면에서 이루어지는 것이지만 사람은 그것보다는 빛이 굴절되어 나아가는 결과를 쉽게 인지하기 때문에 다른 많은 책에서 그러한 방법으로 표현한 것입니다. 따라서 양쪽으로 볼록하거나 오목한 렌즈의 경우 빛이 렌즈로 들어갈 때 한 번, 그리고 렌즈에서 공기 중으로 나올 때 또다시 한 번, 총 두 번 굴절하는 것이 맞습니다. 이 앱은 물리값을 적용하여, 이러한 현상을 정확하게 구현합니다. 단순히 볼록렌즈를 통과한 빛은 한 점(초점)을 지나거나 오목렌즈를 통과한 빛은 한 점(초점)에서 나온 것처럼 진행한다는 교과서적인 실험뿐만 아니라 빛의 굴절이 왜 일어나는지 생각할 수 있도록 구성된 것입니다.

3. 다양한 물질에서 빛의 굴절

[그림 3-6] 유리를 통과한 빛의 굴절 실험

'다양한 렌즈의 빛의 굴절 실험'이 주변에서 쉽게 구할 수 있는 렌즈를 활용한 탐색이 목적이었다면, 세 번째 실험인 '다양한 물질에서 빛의 굴절'은 빛이 다양한 물질을 통과할 때의 굴절 현상과 그 이유를 더 깊이 탐구하는 데 목적이 있습니다.

광원으로는 1구짜리 빨간색과 파란색 레이저가 사용되며, 실험 대상 물질로는 물, 올리브오일, 유리, 다이아몬드가 있습니다. 각각 굴절률이 다르기 때문에 이러한 물질을 통과한 빛이 어느 정도로 굴절이 되는지 비교할 수 있습니다. 단일 물질뿐만 아니라 두 물질이 경계를 이루고 있을 때 빛이 어떻게 이동하는지도 실험으로 탐구할 수 있습니다. 물과 유리, 물과 다이아몬드, 올리브오일과 유리가 각각 접하여 경계를 이룰 때 빛은 어떻게 나아가는지 알아볼 수 있는 것입니다.

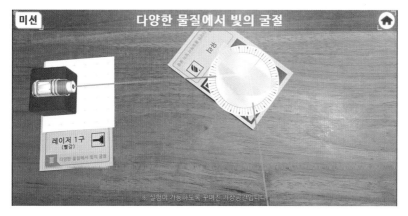

[그림 3-7] 유리를 통과한 빛의 전반사 실험

이 앱은 물리값을 적용하여 실제와 같은 실험을 구현하는 것이 장점이며, 이는 이번 실험에서도 확인할 수 있습니다. 전반사는 굴절률이 큰 매질에서 작은 매질로 빛이 들어갈 때 이 빛이 경계면을 통과하지 않고 모두 반사되는 현상을 말합니다. 광섬유를 통해 데이터가 손실 없이 전달되는 것도 전반사 현상 때문입니다.

4. 빛의 분산

[그림 3-8] 프리즘을 통과한 태양광의 분산 실험

네 번째 실험은 빛의 분산 실험입니다. 빛은 전자기파의 한 종류인데 매질을 통과하게 되면 진행속도의 차이에 의하여 굴절이 일어나게 됩니다. 이때 빛의 진행속도는 파장에 따라 달라지므로 파장에 따라 굴절이 달라지면서 파장별로 분리가 되는 현상을 빛의 분산이라고 합니다. 앞선 실험에서 사용한 레이저는 단일한 파장을 가지고 있으므로 렌즈를 통과하더라도 모든 빛이 일정하게 굴절하여 빛이 분산되지 않지만 여러 종류의 파장을 가지고 있는 태양광은 매질이 다른 물질을 통과하면 파장에 따라 굴절률이 달라져 파장별로 빛이 나뉘게 되는 것입니다. 작은 물방울을 통과한 태양광이 무지갯빛으로 보이는 것이 우리 생활에서 볼 수 있는 분산의 한 예입니다.

이 앱에서는 이 실험 결과가 잘 보여지기 위해서 좌측 아래에 전구 모양의 아이콘이 있는데 이 아이콘을 터치하면 주변광을 제거한 상태로 관찰할 수 있는 것이 장점입니다. 실제 실험에서 이러한 결과를 구현하려면 주변을 어둡게 만든 후 프리즘을 통과하는 부분만 태양광을 비추어야 하는데 이것이 쉽지 않기 때문입니다.

이 실험에서 사용할 수 있는 마커에는 정방향의 프리즘뿐만 아니라 역방향의 프리즘도 있어 프리즘을 통과한 빛을 다시 프리즘을 통과하도록 할 수 있으며 볼록렌즈도 활용할 수 있도록 마커가 준비되어 있습니다. 광원으로는 태양광뿐만 아니라 LED 등도 가상실험을 할 수 있습니다. LED 등을 광원으로 하면 R,G,B 세 개의 빛만 볼 수 있는데 이것은 현재 대부분의 디스플레이에서 사용하는 광원을 표현한 것입니다. 또한 수은등을 광원으로 실험할 수도 있는데 약간 노란빛의 수은등에는 어떠한 빛의 파장이 있는지 가상 실험을 통해 확인해 볼 수 있었습니다.

5. 빛의 혼합

[그림 3-9] 흰색 스크린에 삼원색의 빛을 비춘 실험

다섯 번째 실험은 빛의 혼합 실험입니다. 빛의 삼원색인 빨강, 파랑, 초록색 광원을 다양한 스크린과 그림에 비추어, 빛의 합성과 반사 원리를 탐구할 수 있도록 구성되어 있습니다. 이 실험 역시 네 번째 실험과 마찬가지로 좌측 하단의 전구 아이콘을 누르면 주변의 빛을 끄고 켤 수 있도록 되어 있습니다.

흰색 스크린은 모든 빛을 반사하므로, 빨강, 파랑, 초록빛을 비추어도 그대로 반사됩니다. 그리고 빨강과 파랑, 파랑과 초록, 초록과 빨강의 혼합된 빛과 세 광원이 모두 혼합된 빛도 볼 수 있습니다. 만약 스크린을 빨간색으로 한다면 빨간색의 빛만 반사하고 나머지 색의 빛은 흡수하여 보이지 않게 될 것입니다. 스크린의 색을 파랑으로 바꾸면 파란색의 빛만 반사하고 나머지는 보이지 않게 되는 것입니다. 스크린의 색을 자홍색으로 바꾸면 어떻게 될까? 자홍색은 빨강과 파랑빛의 합성이므로 빨간색과 파란색은 반사를 하지만 초록색은 흡수를 하여 보이지 않게 되는 것입니다.

이 원리를 바탕으로 그림카드에 빛을 비추면, 특정 색의 빛을 사용할 때 특정 동물의 그림이 나타나는 이유를 이해할 수 있습니다. 빛의 혼합 실험이지만 빛의 반사에 대해서도 이해할 수 있는 실험인 것입니다.

6. 활용을 위한 조언

AR 빛 실험실은 단순히 과학 실험을 증강현실로 보는 것이 아니라, 직접 체험하며 학습할 수 있도록 구성되어 있습니다. 또한 앞에서 서술한바와 같이 물리값이 적용되어 있어 실제 실험에서의 결과와 같은 결과가 나오도록 설계되어 있습니다. 여기서는 지면관계상 할 수 있는 모든 실험을 서술하지 않았지만 다양한 시도를 통해 다양한 실험결과를 얻을 수 있을 것입니다. 실제로 앞에서 언급한 내용 중 전반사와 관련된 내용은 필자가 학생들을 대상으로 수업을 하던 중 마음대로 카드를 조작하던 학생이 스스로 찾아내었던 것입니다.

좀 더 발전적인 학습이 이루어지기 위해 AR 빛 실험실을 활용한 탐구에서 그치는 것이 아니라 실제 생활에서 어떻게 구현되는지 확인해보는 활동을 추가하는 것이 좋을 것으로 보입니다.

방구석에서 떠나는 미술관 여행

[그림 3-10] 구글 아트앤컬쳐 미술관

방학이 되면 많은 부모님이 아이들과 함께 미술관이나 박물관을 방문합니다. 아이들이 학교에서 배운 내용이나 앞으로 배우게 될 내용을 직접 보고 경험하며 더 많은 것을 느끼길 바라는 마음에서입니다. 하지만 시간과 비용의 부담이 크고 특히 타 지역이나 해외로 떠나는 것은 더욱 어렵습니다.

이 경우 구글 아트앤컬쳐(https://artsandculture.google.com)는 훌륭한 대안이 될 수 있습니다. 전 세계 박물관, 갤러리, 문화 기관의 주요 소장품과 고해상도 이미지, 다양한 문화 주제를 다룬 교육 자료, 가상 투어 등을 통해 아이들이 미술, 역사, 문화에 자연스럽게 흥미를 느낄 수 있습니다. 집에서 떠나는 미술관 여행, 구글 아트앤컬쳐와 함께 시작해 보세요!

1. 구글 아트앤컬쳐란?

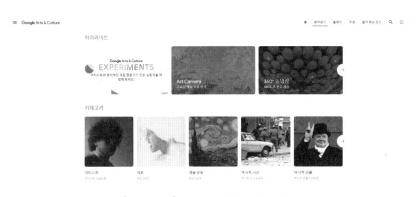

[그림 3-11] 구글 아트앤컬쳐 메인 화면

구글 아트앤컬쳐는 전 세계의 예술과 문화를 한눈에 감상할 수 있도록 다양한 콘텐츠를 제공하는 플랫폼입니다. 루브르 박물관이나 대영 박물관에서 전시 중인 명작도 클릭 한 번으로 감상할 수 있어, 평소 접하기 어려운 다양한 예술 작품을 생생하게 경험할 수 있습니다.

이 플랫폼은 단순히 그림만 보여주는 것이 아니라, 작품에 얽힌 이야기와 역사적 배경을 함께 제공하여 아이들이 다른 시대와 문화를 이해하는 데 도움을 줍니다. 또한, 플랫폼에 있는 다양한 자료는 미술뿐만 아니라 역사, 과학, 지리 등 여러 교과를 연결해 학습할 기회를 제공합니다. 아이들은 고대 유적지를 가상으로 탐험하거나 과학과 관련된 예술 작품을 감상하며 통합적인 사고를 키울 수 있습니다.

2. 우리 집 주변 가볼 만한 전시 찾기

홈   찾아보기   플레이   주변   즐겨 찾는 장소   Q

[그림 3-12] 구글 아트앤컬쳐 '주변' 메뉴

[그림 3-13] 구글 아트앤컬쳐 '주변'의 '방문 정보'

구글 아트앤컬쳐로 우리 집 주변에 가볼 만한 박물관이나 미술관을 찾아볼까요? 페이지 상단의 '주변' 메뉴를 클릭하고 위치 정보 제공에 동의하면 현재 위치에서 가까운 박물관과 전시관을 확인할 수 있습니다.

'방문 정보' 탭에서 목록을 살펴보거나 구글 지도에 표시된 박물관 아이콘을 클릭하면 간단한 위치 정보와 이용 시간을 확인할 수 있습니다.

[그림 3-14] 박물관 정보 및 '구글 아트앤컬쳐에서 보기' 아이콘

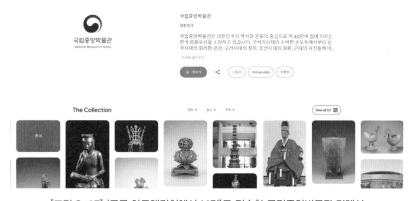

[그림 3-15] '구글 아트앤컬쳐에서 보기'로 접속한 국립중앙박물관 컬렉션

구글 아트앤컬쳐에 데이터가 등록된 박물관은 '구글 아트앤컬쳐에서 보기'라는 아이콘이 표시됩니다. 아이콘을 클릭하면 박물관 소개, 소장 작품 감상, 온라인 전시회, 가상 투어 등을 통해 온라인에서도 생생하게 박물관

을 체험할 수 있습니다.

그림에서 본 장소를 아이와 함께 실제로 방문해 보면 어떨까요? '방문 정보' 탭 오른쪽에 있는 '찾아보기' 탭을 클릭하면 국내외 명소의 그림이나 사진이 거리 순서로 배열되고, 지도에 위치가 표시되어 더욱 쉽게 탐색할 수 있습니다.

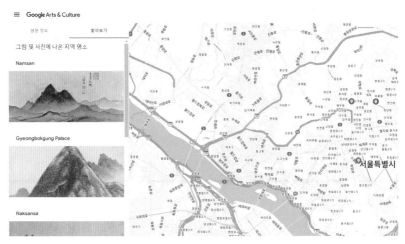

[그림 3-16] 구글 아트앤컬쳐 '주변'의 '찾아보기'

왼쪽에 있는 그림을 클릭하면 해당 그림에 대한 자세한 정보를 확인할수 있으며, 지도 위의 아이콘을 클릭하면 그 장소와 관련된 다양한 정보와 예술 작품을 볼 수 있습니다.

3. 해외의 예술 작품 감상하기

'주변' 기능을 이용해 우리 집 주변에 있는 박물관, 전시관, 예술 작품들을 탐색해 보았습니다. 이제 장소를 조금 더 확장해 봅시다. 직접 방문하지는 못하더라도, 구글 아트앤컬쳐를 통해 세계 여러 나라의 예술 작품을 감상할 수 있습니다.

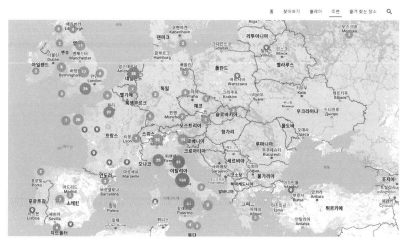

[그림 3-17] 구글 아트앤컬쳐 '주변'의 '찾아보기' 지도 축소 및 이동

방금 살펴본 '주변'의 '찾아보기' 기능에서는 내가 있는 위치를 기준으로 한국, 일본, 중국과 같은 가까운 지역의 작품이 거리 순서대로 나열됩니다. 유럽이나 아프리카의 작품을 감상하고 싶다면 지도를 축소하여 원하는 대륙이나 국가로 이동하면 됩니다. 지도를 축소하고 이동해 프랑스 파리로 한번 가볼까요?

[그림 3-18] 구글 아트앤컬쳐 '주변'으로 프랑스 파리 문화재 찾기

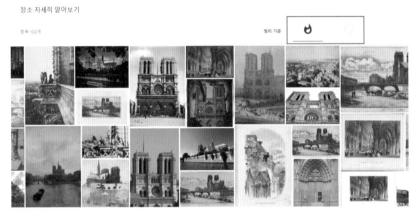

[그림 3-19] 인기순, 시간순 정리하기

　파리의 센 강 주변으로 가니 노트르담 대성당이 보입니다. 아이콘을 클릭하면 성당에 대한 다양한 정보를 확인할 수 있습니다. 또한, 노트르담 대성당과 관련된 그림, 사진, 역사적 사건 등을 상단의 불꽃 모양 아이콘을 클릭해 인기순으로 정리하거나, 시계 모양 아이콘을 클릭해 시간순으로 정리하여 탐색할 수 있습니다.

4. 거리보기로 랜드마크 탐색하기

전 세계의 꼭 봐야 할 박물관을 방문해보세요

[그림 3-20] 구글 아트앤컬쳐의 거리보기

혹시 네이버 로드뷰나 구글 스트리트뷰를 이용해 길을 찾아본 경험이 있으신가요? 360도 카메라로 촬영한 고해상도의 파노라마 이미지를 이어 붙인 것으로, 이를 이용하면 우리는 마치 주변을 걸으며 살펴보는 듯한 경험을 할 수 있습니다.

구글 아트앤컬쳐는 이러한 기술을 활용해 세계의 명소, 랜드마크, 전시관을 거리보기로 구축해 두었습니다. 아이들은 가상으로 랜드마크와 박물관을 탐험하며 실제로 그곳을 관람하는 듯한 경험을 할 수 있습니다. 해외여행이 어려운 상황에서도 시간, 비용, 거리의 제약 없이 세계 각국의 랜드마크를 집에서 편리하게 탐방할 수 있습니다.

고해상도의 이미지 덕분에 예술품이나 건축물의 세부적인 디테일까지 확인할 수 있어서 피라미드, 만리장성, 에펠탑 등을 거리 보기로 탐색하면서 교과서의 내용을 더욱 명확히 이해할 수 있습니다.

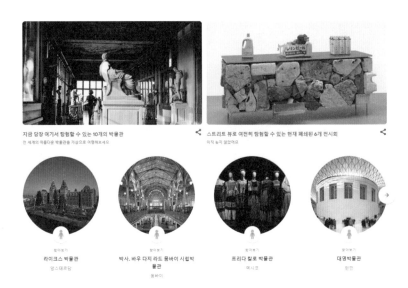

지금 당장 여기서 탐험할 수 있는 10개의 박물관
전 세계의 아름다운 박물관을 가상으로 여행해보세요

스트리트 뷰로 여전히 탐험할 수 있는 현재 폐쇄된 6개 전시회
아직 늦지 않았어요

라이크스 박물관
암스테르담

박사. 바우 다지 라드 몸바이 시립박물관
몸바이

프리다 칼로 박물관
멕시코

대영박물관
런던

[그림 3-21] 구글 아트앤컬쳐의 거리보기 전시 목록

    구글 아트앤컬쳐 메인 화면 하단을 살펴보면 '스트리트 뷰로 탐색' 또는 '박물관 탐험가'와 같은 주제에 노란색 사람 모양 아이콘이 표시됩니다. 이 아이콘은 해당 주제를 거리보기로 제공한다는 것을 의미합니다. 또한, 검색창에 박물관이나 미술관 이름을 입력한 후 'Virtual visits'을 클릭해 가상 투어에 접속할 수도 있습니다.

    일반적으로 길찾기에 사용하는 네이버 로드뷰나 구글 스트리트뷰와의 차이점은 박물관이나 전시관의 내부까지 들여다 볼 수 있다는 것입니다. 이를 통해 실내에 전시된 작품까지 관람할 수 있어 더욱 깊이 있는 탐방 경험을 제공합니다.

[그림 3-22] 오르세 미술관의 거리보기

거리보기를 제공하는 다양한 전시관 중 오르세 미술관을 클릭해서 들어가 보겠습니다. 바닥에 보이는 하얀색 화살표를 클릭하면 화살표가 가리키는 방향으로 시점이 이동됩니다. 마우스를 클릭하고 드래그하여 주변을 360도 감상할 수 있으며 원하는 작품에 가까이 가서 자세히 들여다 볼 수 있습니다.

[그림 3-23] 오르세 미술관의 작품을 거리보기로 감상하기

작품에 대한 정보를 더 알고 싶다면 작품 왼쪽 하단의 작품명을 클릭해 보세요. 작품명, 작가 정보, 작품 설명을 읽을 수 있으며, 같은 작가의 작품 이나 같은 시대, 화풍의 작품 등을 확장하여 감상할 수 있습니다.

스윙
오귀스트 르누아르 1876

♡ 🔗 ⪪

M
O
Musée d'Orsay, Paris
Paris, 오랑스

뒤에서 보이는 청년이 그네에 선 젊은 여성과 이야기를 나누고 있는데, 어린 소녀와 다른 남자가 나무 줄기에 기대어 서 있다. 르누아르는 마치 스냅 샷에서 그가 뒤에서 보이는 남자에게로 향하는 시선을 포착한 것처럼 대화를 놀라게 하는 듯한 인상을 준다. 젊은 여성은 당황한 듯 시선을 돌린다. 전경의 4인조는 배경에 스케치처럼 그려진 5명의 인물과 균형을 이룬다. 그네는 moulin de la galette의 무도회와 많은 공통점이 있다. 이 두 그림은 1876년 여름에 나란히 그려졌다. 그녀의 모델인 에드몽, 오귀스트 르누아르의 동생이자 화가인 로베르 괴뉴트, 몽마르트 출신의 젊은 여성인 잔느는 무도회의 댄서들 사이에 등장한다. 두 그림 모두에서 평온한 분위기가 느껴진다. 무도회에서처럼 르누아르는 일사귀에 얼룩얼룩한 햇빛의 효과를 특히 포착하려고 한다. 밀리는 빛은 특히 옷과 바닥에 있는 희미한 색의 패치로 표현됩니다. 이는 특히 이 그림이 1877년 인상파 전시회에 전시되었을 때 비평가들을 짜증나게 했습니다. 그럼에도 불구하고 The Swing은 구매자를 찾았습니다. Gustave Caillebotte가 Moulin de la Galette에서 The Ball을 구매했습니다.

세부정보

제목: The Swing
제작자 출생/사망 날짜: 1841 - 1919
제작자 국적: French
제작자 성별: Male
제작연도: 1876
크기: w730 x h920 cm
출처: Gustave Caillebotte의 유산, 1893
원제: 스윙
크레디트 라인: © 오르세 미술관, dist.RMN / 파트리스 슈미트
화가: 오귀스트 르누아르
작품유형: Oil on canvas
외부 링크: https://www.musee-orsay.fr/en/collections
권리: © Musée d'Orsay, dist.RMN / Patrice Schmidt

[그림 3-24] 르누아르의 '스윙' 작품 정보

이 외에도 이집트 기자의 피라미드나 안나 프랭크의 방처럼 영화나 책에서 접했던 장소도 생생하게 거리보기로 탐험할 수 있습니다. 이번 주말이나 방학에는 집에서 떠나는 실감나는 해외여행은 어떠신가요?

[그림 3-25] 이집트 기자의 피라미드(거리보기)

[그림 3-26] 안나 프랭크의 방(거리보기)

4. 활용을 위한 조언

구글 아트앤컬쳐는 PC, 태블릿, 스마트폰으로 언제든지 접속할 수 있고, 별도의 로그인이 필요 없어서 시간과 장소의 제약 없이 유익한 콘텐츠를 활용할 수 있습니다.

소개해드린 내용 외에도 구글 아트앤컬쳐의 '플레이'에서는 다양한 게임을 통해 즐겁게 예술을 체험할 수 있고, '찾아보기'에서는 시간별, 색상별, 테마별로 작품을 탐색할 수 있습니다.

또, 스마트폰이나 태블릿을 사용하면 칼라 팔레트, 아트 셀피, 아트 트랜스퍼, 아트 필터, 아트 프로젝터 등 카메라를 활용한 재미있는 미술 활동을 해볼 수 있습니다.

미술관이나 박물관을 가기 전 구글 아트앤컬쳐로 관람할 내용의 배경 지식을 얻거나, 관람 코스를 미리 짜보는 것은 어떨까요?

즐겁고 재미있는 방구석 미술관 여행, 구글 아트앤컬쳐로 함께 떠나 보세요!

쉽고 예쁘게 만드는 발표 자료

[그림 3-27] 미리캔버스로 만든 발표 자료

발표 자료를 만들 때, 예전에는 PPT를 주로 사용했습니다. PPT는 프로그램을 설치해야 하고, 자료를 제작하는 데 시간이 많이 걸렸습니다.

하지만 미리캔버스 같은 온라인 디자인 플랫폼을 활용하면 이런 고민이 사라집니다! 인터넷 브라우저만 있으면 설치 없이도 어디서든 작업을 이어갈 수 있어 매우 편리합니다. 누구나 손쉽게 발표 자료를 만들 수 있고 특히 AI 프레젠테이션 기능을 사용하면 깔끔하고 완성도 높은 발표 자료를 빠르게 완성할 수 있습니다.

발표 자료 때문에 고민하셨다면, 미리캔버스를 한 번 사용해 보세요. 작업 효율이 쑥쑥 올라가는 걸 느끼실 수 있습니다.

1. 미리캔버스란?

[그림 3-28] 미리캔버스

미리캔버스(Miri Canvas)는 누구나 쉽게 디자인 작업을 할 수 있도록 돕는 온라인 디자인 플랫폼입니다. 다양한 템플릿을 제공하여 필요한 내용을 추가하거나 수정하기만 하면 손쉽게 완성도 높은 디자인을 만들 수 있습니다. 직관적이고 간단한 인터페이스를 통해 이미지 추가, 텍스트 입력, 색상 변경 등의 작업을 초등학생도 드래그 앤드 드롭 방식으로 간편하게 처리할 수 있습니다.

웹 기반 프로그램이기 때문에 별도의 설치 없이 인터넷만 연결되면 어디서든 사용할 수 있고 필요에 따라 프리미엄 기능을 활용할 수 있으나 무료로도 충분히 사용할 수 있습니다.

학교 과제나 발표 자료를 만들 때 미리캔버스를 활용하면 보고서 표지, 발표 슬라이드 제작, 포스터 디자인 등 다양한 작업을 더 멋지게 준비할 수 있습니다.

2. 미리캔버스의 기본 기능 알아보기

[그림 3-29] 미리캔버스 시작하기

미리캔버스(www.miricanvas.com)에 접속하여 로그인하면 다음과 같은 메인화면에 들어갈 수 있습니다. '디자인 만들기' 또는 '바로 시작하기'를 눌러 작업 창으로 이동합니다.

[그림 3-30] 미리캔버스 작업 창

화면 구성을 살펴보면 오른쪽에는 디자인을 적용하고 편집할 수 있는 화면이, 왼쪽에는 다양한 기능을 사용할 수 있는 작업 메뉴들이 있습니다. 글씨를 입력할 때는 '텍스트'를, 일러스트, 도형, 아이콘 등을 사용할 때는 '요소'를, AI로 생성한 사진이나 검색한 사진을 삽입할 때는 '사진'을 선택합니다. 작업 메뉴 이름이 직관적이어서 처음 사용하는 사람도 몇 번만 눌러보면 금방 익숙해질 수 있습니다.

내 컴퓨터에 저장한 파일이나 직접 찍은 사진 등을 활용하고 싶다면 '업로드' 메뉴를 누르고 드래그 앤드 드롭하여 사진이나 폴더를 업로드하면 작업 페이지에 적용할 수 있습니다.

작업 창 왼쪽 아래의 'AI로 프레젠테이션 만들기' 메뉴를 클릭해보면 미리캔버스의 다양한 AI 도구를 활용할 수 있는 창이 뜹니다. AI로 프리젠테이션을 만들어 봅시다.

3. AI로 쉽고 빠르게, 프레젠테이션 만들기

① AI로 프레젠테이션 만들기 메뉴-주제 입력하기를 선택합니다.

② 만들고 싶은 프레젠테이션의 장수를 선택(8장~20장)합니다. 주제를 문장 형태로 입력한 뒤 '개요 만들기'를 클릭합니다.

개요를 자유롭게 수정해보세요

1 표지   한국을 빛낸 역사 인물 소개

2 아래의 개요를 바탕으로 제작한 목차 페이지

::   3 페이지

고대 한국의 위인들
- 단군: 고조선의 건국자
- 주몽: 고구려의 시조
- 박혁거세: 신라의 시조
- 온조: 백제의 시조

::   4 페이지

삼국시대의 영웅들
- 광개토대왕: 고구려의 영토 확장
- 이사부: 신라의 해상 정복
- 김유신: 삼국 통일의 주역

::   5 페이지

←   템플릿 선택

③ AI가 생성한 개요의 페이지의 순서를 바꾸거나 삭제하거나 수정할 수 있으며 개요의 내용도 원하는대로 수정할 수 있습니다. 수정을 마치면 '템플릿 선택'을 클릭합니다.

④ 다양한 디자인의 템플릿 샘플 중 주제와 어울리는 디자인을 선택한 뒤 '생성하기'를 클릭합니다. 프레젠테이션 생성에는 3분 정도가 걸립니다.

⑤ 입력한 주제와 개요, 선택한 템플릿에 따라 자동으로 프레젠테이션
이 생성되었습니다. 프레젠테이션 속 텍스트, 이미지, 페이지 등은 자
유롭게 수정이 가능합니다.

⑥ 발표 자료에 어울리는 사진을 검색하여 추가하거나, '요소'에서 일러
스트, 도형, 아이콘 등을 추가할 수 있습니다. 만약 원하는 이미지를
찾기 어렵다면 'AI 도구'를 이용하여 그림, 사진, 로고, 일러스트, 배
경 등을 직접 생성하여 사용할 수도 있습니다.

⑦ 화면 하단의 페이지를 드래그하여 순서를 바꾸거나 페이지를 클릭한 후 추가, 복제, 삭제할 수 있습니다.

⑧ 완성된 프레젠테이션은 오른쪽 상단의 '다운로드'를 클릭하여 PPT 파일로 저장할 수 있습니다. 만약, PPT프로그램을 사용할 수 없는 환

경이라면 웹페이지에 로그인하여 '더보기'-'슬라이드 쇼 보기'를 클릭하면 전체 화면으로 프레젠테이션을 띄워 발표할 수 있습니다.

⑨ 개인 과제가 아닌 모둠 발표나 프로젝트일 때도 미리캔버스를 활용하면 쉽게 프레젠테이션을 공유하고 수정할 수 있습니다.

'더보기'의 '공유하기'에서 '웹 게시-디자인 문서 공개'로 설정하여 링크를 공유하면, 링크가 있는 누구나 내가 만든 프레젠테이션을 복제하여 사용할 수 있습니다.

친구에게만 공유하고 싶다면 '사용자 초대'를 클릭하여 친구의 미리캔버스 아이디를 입력하고 '편집 가능' 권한을 부여합니다. 권한을 부여받은 친구는 내 프레젠테이션을 함께 편집하고 작업할 수 있습니다.

4. 활용을 위한 조언

5학년 국어과 '우리말 지킴이' 단원에서는 잘못된 우리말 사용 실태를 주제로 자료를 조사, 구성하고 여러 사람 앞에서 발표하는 수업을 합니다. 또한 사회과에는 역사 인물 중 한 사람을 선택하여 조사하여 발표하는 활동이 있습니다.

6학년 사회과의 '세계 여러 나라 사람들의 생활 모습 조사하기' 수업에서는 프레젠테이션 제작 도구로 소개 자료를 만드는 법에 대한 기능 학습을 하기도 합니다.

이외에도 학급 장기자랑, 새 학기 친교 활동에서 자기소개 자료 만들기, 과학 창의 산출물 발표회 준비 등 미리캔버스의 활용 범위는 무궁무진합니다.

미리캔버스 외에도 캔바(https://www.canva.com)의 'Magic Design', 구글 슬라이드용 SlidesAI(https://www.slidesai.io), 프레지(prezi.com), 감마 (https://gamma.app), 마이크로소프트 코파일럿 AI(microsoft.com) 등 다양한 생성형 AI 기반 프레젠테이션 제작 도구를 활용해서 더욱 효과적으로 필요한 자료를 만들어 보세요.

문서 작성처럼 쉬운 영상 편집

브루로 직업 발표에 대한 영상을 만들었다. 인터뷰한 영상과 브루에서 직접 대사를 작성하여 영상을 만들었다. 브루에서는 글을 읽어주는 목소리도 내 마음대로 변형할 수 있고 다른 곳에서 가져온 영상도 손쉽게 편집할 수 있어서 편리하고 좋았던 것 같다. 덕분에 내 발표가 수월하게 끝난 것 같다.	브루를 통해서 개인, 혹은 친구들과 여러 직업을 소개하는 영상을 만드는 것이 흥미롭고 재미있었다. 친구들과 협력하는 것과 영상을 만들고 그 영상을 보는 것이 뿌듯하기도 했다. 앞으로도 기회가 생긴다면 브루를 이용해서 영상을 만들고 발표해 보고 싶다.
AI 영상생성기 모델 브루를 이용해 영상을 만드는 중에 AI가 자동으로 영상을 만드는 것 또한 신기하고 재미있었습니다. AI가 직접 대본을 짠 후에 직접 편집까지 해주는 것이 굉장히 재미있고 영상 편집 시간이 절약되었다.	브루 영상을 만들면서 AI에 발전이 실감 났다. 또한, 상황에 맞는 사진을 넣어주고, 대사도 알아서 써주니 너무 편한 시대가 온 것 같다. 지금까지 경험하지 못한 새로운 경험이었다. 다음에 이런 발표를 또 하게 된다면 더 적극적으로 참여할 것이다.

[그림 3-31] Vrew 활용 수업 후기

아이들이 남긴 후기를 보면 Vrew를 활용한 영상 제작 과정이 얼마나 간편하고 흥미로운지 알 수 있습니다. Vrew는 AI 기술을 기반으로 초등학교 저학년부터 중·고등학생까지 전 과목에 활용할 수 있는 영상 편집 프로그램입니다. Vrew로 쉽고 즐겁게 영상을 제작하며 디지털 리터러시 역량도 함께 키워봅시다.

1. 브루(Vrew)의 주요 기능

1) 자막 및 번역

기존 영상 편집 프로그램과 달리, Vrew는 자막 작업 시간을 획기적으로 단축시킵니다. 이는 AI 자동 자막 기능 덕분입니다. 긴 오디오가 포함된 영상도 Vrew에 업로드하면 AI가 자동으로 자막을 생성해 주기 때문에, 자막을 일일이 입력하거나 자막과 영상을 맞추기 위해 반복해서 영상을 보고 들을 필요가 없습니다.

Vrew에서는 자막을 영상 클립에 포함하지 않고 자막 파일(.srt)로 추출할 수 있으며, 이를 다국어로 번역하는 것도 가능합니다. 이 자막 파일은 다시 텍스트로 변환하여 오디오 북의 스크립트로 활용할 수도 있어, 다양한 방식으로 영상 콘텐츠를 재활용할 수 있습니다. 예를 들어, 영어 발표 영상을 제작한 뒤 자막 파일을 번역해 언어 학습 자료로 활용하거나, 학습 영상의 스크립트를 추출해 요약 노트를 만드는 데 사용할 수 있습니다.

2) 문서 기반 영상 편집

'문서 기반 영상 편집'이라는 것은 무엇일까요? 텍스트만으로 영상 콘텐츠를 만들 수 있다는 겁니다. 텍스트만으로 영상을 만드는 방법은 다음 장에서 다루고, 여기에서는 문서 기반으로 영상 편집이 가능한 이유를 말씀드리겠습니다.

AI 자동 자막 생성 기능과 관련하여 영상을 업로드하면 자동으로 자막이 생성되기 때문에 영상을 계속 들으면서 수정할 부분을 찾을 필요가 없습니다. 눈으로 빠르게 자막을 스캔하고 수정할 부분만 편리하게 고치면 됩니다.

다음으로 Vrew의 편집 탭에서 '찾아서 편집하기' 기능을 활용하면 반복되는 오탈자, 맞춤법 오류를 빠르게 바로잡을 수 있습니다. 변경하고 싶은 단어와 새로운 단어를 입력하고 '선택한 단어 바꾸기'만 클릭하면 전체 자막에 변경 사항이 적용됩니다. 문서를 편집하는 것과 같습니다.

3) 영상 애셋

Vrew는 500여 개의 AI 목소리를 제공하지만, 때로는 내 목소리로 더빙하는 것이 더 효과적일 수 있습니다. 이때, 발성이나 발음에 신경 쓰며 여러 차례 반복 녹음할 필요 없이 내 목소리를 AI로 만들어 손쉽게 활용할 수 있습니다. Vrew가 준비한 30 문장을 읽으면 10분 안에 내 목소리가 AI 음성으로 변환되고, 이 AI 목소리도 다른 AI 음성과 마찬가지로 속도, 음량, 효과를 자유롭게 적용할 수 있습니다.

영상에 어울리는 이미지를 찾지 못했을 때, Vrew 편집 화면에서 'AI 이미지 생성' 기능을 선택하고 원하는 이미지를 설명하면, AI가 해당 이미지를 생성해 줍니다. 사실적인 사진부터 삽화까지 원하는 스타일을 선택해 다양한 표현을 할 수 있어, 영상에 맞는 이미지를 쉽게 추가할 수 있습니다.

4) 그 외 기능

그 외에 스마트폰에서 촬영한 영상을 QR 코드를 활용하여 품질 저하 없이 원본 그대로 불러올 수 있는 기능, 이미 작업한 영상 파일을 다른 비율로 변환하는 기능 등이 있어서 편리하게 영상을 편집할 수 있습니다.

2. 영상 제작

1) 다운로드하기

Vrew는 웹페이지(https://vrew.ai/ko/)에서 여러 가지 기능을 자유롭게 사용해 볼 수 있지만, 내보내기(MP4, MP3 등 다른 형식으로 저장) 기능을 이용할 수는 없습니다. 영상을 만드는 과정을 체험해 보고 싶다면 '체험판' 버전인 웹에서 가능하나 영상을 만들고 싶다면 다운로드 후에 이용해야 합니다. 웹페이지 오른쪽 위의 [다운로드] 클릭하면 손쉽게 다운로드 및 설치를 할 수 있습니다. 참고로 Vrew를 원활하게 사용하기 위해서는 드라이브의 용량을 10GB 이상 확보해야 합니다. 다운로드 및 회원가입은 모두 무료입니다.

2) 회원가입하기

Vrew는 다운로드만큼 회원가입 과정도 매우 간단합니다. 이름과 이메일 주소, 비밀번호만 입력하면 됩니다. 이때 입력한 이메일 주소가 아이디가 되며 메일 인증 절차가 있으므로 메일 주소를 정확하게 작성해야 합니다. 회원가입 시에 입력한 메일 주소로 1~2분 내외로 인증 메일이 발송됩니다. 메일 내에 있는 인증 버튼을 클릭한 뒤, Vrew로 돌아와 가입 완료 버튼을 누르면 회원가입이 완료됩니다. 다운로드 및 회원가입까지 5분 정도 소요됩니다.

이보다 더 간편하게 Vrew 2.7.6. 버전은 'Google 계정으로 로그인'이 추가되어 Google 계정으로 Vrew를 사용해 본 적이 없어도 별도의 인증 절차 없이 회원가입과 로그인을 할 수 있습니다.

[그림 3-32] 회원 가입

3) 텍스트로 동영상 만들기

보통 영상을 제작할 때, 영상을 먼저 만들고 나서 자막 생성을 포함하여 편집을 시작합니다. 하지만 Vrew는 기존의 영상 편집 방식을 넘어서 문서를 편집하듯이, 텍스트만으로 동영상을 제작할 수 있습니다. Vrew에서 [새로 만들기]-[텍스트 비디오 만들기]를 선택하여 만들고 싶은 영상의 주제만 입력하면 영상 스크립트부터 이미지 요소까지 한 번에 AI로 생성할 수 있습니다. AI가 생성한 스크립트를 활용하는 것이 간편하지만, 직접 영상 스크립트를 작성한다면 원하는 메시지나 개성을 더욱 확실하게 표현할 수 있습니다. Vrew는 단순히 무언가를 대신 만들어 주는 도구가 아니라, 창작자의 생각을 효과적으로 표현하도록 돕는 도구라는 것을 잊지 마세요.

① [파일]-[새로 만들기]-[텍스트로 비디오 만들기]를 선택합니다.

어떤 비율의 영상을 만들고 싶나요?

유튜브 16:9   쇼츠 9:16   인스타그램 4:5   정방형 1:1   클래식 4:3

② 원하는 비율 선택 후, [다음]을 선택합니다.

스타일 없이 시작하기
빈 비디오 스타일로 시작합니다. 특정한 스타일이 아닌 일반적인 영상을 만들 때 적합합니다.

🍍 캐주얼한 정보전달 영상 스타일(반말)
자신감있고 캐주얼한 말투로 주제에 대한 정보를 말해줍니다. 질문을 건네기도 합니다.

🎙 영어 회화 공부 스타일
주제에 맞는 영어 문장들을 추천해줍니다. 한국어 문장 한 줄, 영어 문장 한 줄이 나옵니다.

👻 공포 영상 스타일
무서운 이야기를 해 주는 영상을 만들어 줍니다.

🐬 다큐멘터리 스타일
상황에 대해 다큐멘터리 식으로 설명하는 정보 영상에 적합합니다.

📜 명언 영상 스타일
명언을 읽어주는 영상을 만들어줍니다.

③ 원하는 비디오 스타일을 선택합니다.

영상 만들기 영상의 대본을 입력해주세요. 우측에서 이미지, 배경음악, AI목소리에 대한

주제

공정무역의 의미와 필요성

④ 원하는 주제 작성 후, [AI 글쓰기]를 선택합니다.

⑤ [변경]을 눌러 목소리, 배경음악 등 변경 후 [완료]를 누릅니다.

AI가 대본에 어울리는 비디오, 이미지를 생성하여 영상을 만들 때까지 잠시 기다리면 초안이 완성됩니다. 초안이 완성된 뒤에도 AI 성우의 목소리 변경 외에 이미지, 그리고 영상 스타일까지 세부적으로 지정할 수 있어서 마음에 쏙 드는 영상 제작이 가능합니다.

3. 활용을 위한 조언

최근 학교에서 프로젝트 수업이 늘어나면서 학습 후에 학습자가 다양한 산출물을 제작해야 하는 과제가 많아졌습니다. 이러한 프로젝트 발표나 수행평가 영상을 제작할 때, Vrew의 영상 속 음성을 텍스트로 자동 변환하는 자막 생성 기능을 통해 효과적으로 스크립트를 작성할 수 있습니다. 또한, Vrew의 AI 글쓰기와 이미지 생성 기능을 활용하면 효율적으로 영상을 완성할 수 있습니다.

자신의 말하기 수준과 상황을 점검하는 데에도 Vrew를 활용할 수 있습니다. 자신이 말하는 모습을 촬영하고 영상으로 제작하여 발음, 속도, 강약 조절 등 개선이 필요한 부분을 구체적으로 확인해 봅니다.

학습용 외에도 유튜브나 개인 영상 콘텐츠 제작에 Vrew를 활용할 수 있습니다. 유튜버 등 창작자를 꿈꾸는 많은 아이들에게 Vrew는 매우 유용한 도구가 될 수 있습니다. 자막 생성과 편집 과정을 간편하게 처리할 수 있어 창의적인 아이디어를 효과적으로 표현할 수 있습니다.

자바실험실

시뮬레이션으로 이해하는 과학원리

[그림 3-33] 자바실험실 메인화면

　초등학생 때는 과학교과를 좋아하다가도 중학생이나 고등학생이 되면 과학을 어려워하거나 싫어하는 학생들이 많아집니다. 초등학교 때는 탐구 기능을 기반으로 한 탐구활동으로 내용이 구성되지만, 중학교나 고등학교 때는 개념과 이론이 수식, 화학식, 구조식 등으로 표현이 되기 때문에 어려움을 느끼게 됩니다. 또한 교과 학습활동이 성적으로 평가되다 보니, 하고 싶은 마음보다는 해야 하는 의무감 때문에 과학교과에 대한 흥미와 관심이 줄어들게 됩니다. 특히 학교급이 높아질수록, 학년이 높아질수록 이해해야 하는 개념들이 많아지고, 어려워지는 것이 학생들의 관심을 줄어들게 하는 요인으로 작용합니다.

학생들은 생활 속 경험을 통해 얻은 지식이나 개념은 쉽게 이해하지만, 교과서에서만 접하는 개념이나 내용은 이해하기 어렵습니다. 특히, 시각적으로 표현되지 않고 기호로만 표시된 수식이나 화학식은 과학을 더 어렵게 만듭니다.

자바실험실은 이러한 과학 개념을 시각적으로 표현하거나 직접 시뮬레이션 할 수 있어, 학생들이 개념을 이해하는 데 큰 도움이 됩니다. 자바실험실은 치악중학교 과학교사인 이동준 선생님이 1996년에 자바 애플릿의 형태로 개발을 시작하다 2015년경 웹브라우저에서 자바 플러그인을 중단하여 html5, 프로세싱 등의 언어로 다시 개발한 것으로 400가지가 넘는 실험 실습용 시뮬레이션을 제공하는 사이트입니다. 자바실험실에서는 원자, 전자, 파동, 우주, 힘과 같이 직접 관찰하기 어려운 대상을 시각적으로 표현하고 시뮬레이션을 수행함으로써 학생들의 과학개념 이해에 도움을 줍니다.

여기에서는 자바실험실의 수많은 콘텐츠 중 몇 가지를 소개하고자 합니다.

1. 강자성체의 자화

자석은 고대 중국에서 방향을 알려주는 나침반으로 활용된 이래 현재에 이르기까지 다양한 분야에서 활용되고 있습니다. 자석은 쉽게 구할 수 있으며, 철이나 다른 자석의 반대 극을 끌어당기고, 같은 극끼리는 밀어내는 성질이 있어 아이들의 호기심을 자극합니다. 철은 자석이 아니어서 다른 철을 끌어당기지 않지만 자석과 접촉한 철은 자석의 성질을 갖게 되는데 이것을 자화라고 합니다. 철을 자화하여 자석의 성질을 갖게 하는 것은 쉽지만, 왜 자화가 되는지 그 원리를 이해하는 것은 쉽지 않습니다. 철의 내부에서 일어나는 일을 볼 수 없기 때문입니다.

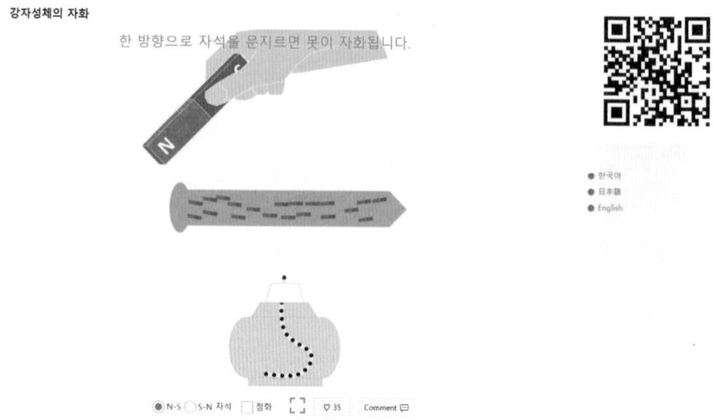
강자성체의 자화
한 방향으로 자석을 문지르면 못이 자화됩니다.
N
N-S
S-N 자석
점화
35
Comment
한국어
日本語
English

[그림 3-34] 강자성체의 자화 시뮬레이션

자바실험실 메뉴 중 '전기와 자기' 카테고리에서 '자기'를 선택하면 7개의 자기 시뮬레이션을 볼 수 있습니다. 이 중에서 '강자성체의 자화'를 선택하면 철이 자화되는 과정을 시뮬레이션해 볼 수 있습니다. 자석의 극을 바꾸어 볼 수도 있습니다, 점화 체크박스에 체크를 하면 알코올램프에 불이 켜지는데 불이 켜지면 내부의 작은 자석들의 방향이 흐트러지는 것을 볼 수 있습니다.

철, 니켈, 코발트는 강자성체로, 외부 자기장에 강하게 반응하여 자화되며, 이후에도 자성을 유지합니다. 물질을 이루는 원자 하나 하나가 마치 자석과 같은 역할을 하는데 외부 자기장에 의해 원자 자석들이 모두 일정한 방향으로 정렬이 되면서 외부 자기장을 제거해도 자석의 성질을 유지하기 때문입니다. 그러나 열을 가하게 되면 열에너지에 의해 내부 원자의 배열이 흐트러져서 자성을 잃게 됩니다. 열을 가하지 않더라도 외부에서 큰 충격을 가하면 역시 내부 원자의 배열이 흐트러져서 자성을 잃게 됩니다. 이것은 간단한 실험으로 확인해 볼 수 있습니다.

[그림 3-35] 페라이트자석 가루를 이용한 자화실험

바이알병이나 필름통에 페라이트 자석 가루를 넣습니다(①). 페라이트 자석은 산화철을 주재료로 만든 자석인데 가격이 저렴하여 많은 곳에서 사용됩니다. 문방구나 팬시점에서 쉽게 구할 수 있는 자석의 재료가 페라이트입니다. 페라이트 자석은 전체적으로는 자성을 가지고 있어 철을 끌어당기지만 가루 형태로 만들어 모으면 자석의 방향이 서로 상쇄되므로 자석의 성질이 보이지 않습니다. 그래서 핀을 두어도 핀을 끌어 당기지 못합니다(②). 하지만 여기에 ③처럼 병의 아래에 자석을 붙이면 이 자석의 자기장의 방향으로 페라이트자석가루가 정렬이 됩니다. 이후에는 병 아래의 자석을 제거해도 ④처럼 여전히 자성을 유지합니다. 그러나 병을 흔들어 정렬을 흩뜨리면 자석의 성질을 잃게 됩니다.

2. 사운드 분석

우리는 소리 속에서 살고 있습니다. 집에 혼자 있어도 냉장고 모터가 돌아가는 소리, 시계가 재깍 거리는 소리, 멀리서 자동차가 지나가거나 놀이터에서 노는 아이들의 소리를 듣게 됩니다. 우리는 항상 소리 속에서 생활하기 때문에, 완전히 조용한 곳에 오래 머무르면 방향 감각 상실, 어지러움, 불안감을 느낄 수도 있습니다.

소리는 물체의 진동으로 발생을 하고, 이 진동이 물체 주변의 매질(공기나 물 등)을 통해 전달되어 우리 귀에 도달하면 우리는 소리를 감지할 수 있습니다. 특별한 상황이 아니면 우리는 공기 중에서 생활하므로 우리가 듣는 모든 소리는 공기의 떨림을 감지하는 것과 같습니다.

주파수는 1초 동안 진동하는 횟수를 의미하며, 단위는 헤르츠(Hz) 입니다. 사람이 들을 수 있는 주파수를 가청 주파수라고 하며 사람마다 다르기는 하지만 보통 20Hz~20,000Hz정도라고 합니다. 그런데 나이가 들면 청각기관의 노화로 고주파 영역의 소리가 듣기 어려워집니다. 가정에서 누구의 청력이 가장 좋은지 간단한 프로그램으로 확인해 볼 수 있습니다.

자료실 또는 인터넷에서 검색하여 가청주파수 체커 프로그램을 내려받습니다. 프로그램은 설치가 필요 없고 바로 실행할 수 있습니다. 가청주파수를 체크하기 위해 스피커의 음량을 먼저 조정합니다. 음량 조절을 완료하면 8000Hz부터 시작합니다. 체크시작 버튼을 누르면 신호음이 1회~5회가 나오는데 음이 울린 횟수를 맞추면 더 높은 주파수로, 틀리면 낮은 주파수로 신호음이 나와 자신의 가청 주파수를 확인할 수 있습니다. 아이와 함께 해보면 나이에 따라 청력의 민감도가 다름을 확인할 수 있습니다.

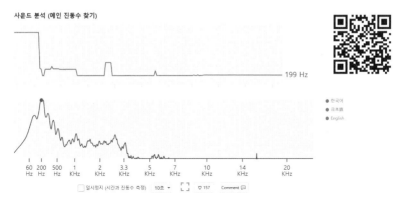

[그림 3-36] 사운드 분석 시뮬레이션

자바실험실 빛과 파동 카테고리에서 파동 메뉴로 들어가면 13개의 시뮬레이션 콘텐츠가 있습니다. 이 중에서 사운드 분석 (메인 진동수 찾기)에 들어가면 우리 주변의 소리에서 메인 진동수를 찾아줍니다. 이를 위해서는 마이크를 활성화해야 합니다. 마이크가 내장된 노트북은 마이크를 활성화시켜주면 되고, 마이크가 없는 PC의 경우 외부 마이크를 설치한 후 활동해야 합니다.

목소리의 높이를 변화시키며 주파수 변화를 관찰하거나, 주변 물체를 두드려 고유 진동수를 확인할 수도 있습니다. 또는 빨대의 한쪽 끝을 잘라 리드를 만들어 불면 리드라 떨리면서 소리가 나는데 빨대의 길이를 다르게 하여 빨대의 길이에 따라 주파수가 어떻게 달라지는지 간단한 실험을 해볼 수도 있습니다.

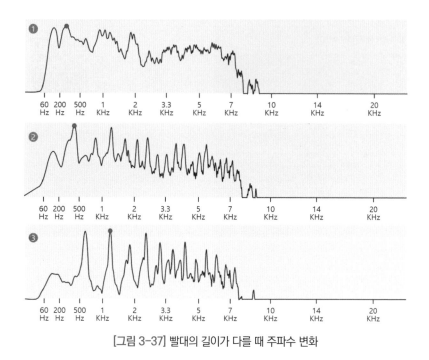

[그림 3-37] 빨대의 길이가 다를 때 주파수 변화

위의 그래프는 빨대피리의 길이가 각각 약 20cm일 때(①), 약 10cm일 때(②), 약5cm일 때(③) 주파수의 변화를 나타낸 그래프입니다. 빨대의 길이가 짧을수록 주파수가 높아지는 것을 볼 수 있습니다.

3. 활용을 위한 조언

자바실험실은 현직교사가 직접 제작하는 만큼 학생들이 과학개념을 익히는데 도움을 줍니다. 시뮬레이션 체험을 하여 보는 것만으로도 도움이 되지만 각 페이지 하단에 있는 설명을 읽어보고 궁금한 것은 직접 찾아보는 것이 더 좋습니다. 가능한 것들은 우리 생활에서 어떻게 적용이 되는지 실제로 실험을 해보면 아주 좋습니다. 예를 들어 보일의 법칙의 경우도 시뮬레이션도 해보고 주사기가 있으면 주사기에 누르는 힘과 기체의 부피사이에 어떤 관계가 있는지 탐구하여 볼 수 있을 것입니다.

강의자료 카테고리에는 이동준 선생님이 개발하신 다양한 수업과 활동 자료들이 있습니다. 앞에서 언급한 시뮬레이션은 학생들이 자기주도적으로 학습하는데 도움이 되지만 강의자료 카테고리의 자료는 강의용이므로, 아이들이 스스로 활동하기에는 다소 어려울 수 있습니다. 자료를 내려 받아 부모님들이 살펴보고 아이들에게 적용해주면 좋을 것입니다.

온라인 수학 학습 도구

초등학교 수학 과목 '도형' 영역 학습을 위해서는 생각보다 많은 수학 교구가 필요합니다. 각도기, 컴퍼스, 자뿐만 아니라 쌓기 나무, 연결 블록처럼 가정에서 쉽게 구하기 어려운 수학 교구도 준비해야 합니다. 수학 교구를 활용하여 공간 감각을 키워야 하는 학습 상황에서 실제 수학 교구를 대체할 만한 온라인 학습 도구는 없을까요?

또한 초등학교 수학 교과에서는 다양한 그래프를 그리고, 자료를 해석하는 방법을 배웁니다. 막대그래프, 꺾은선 그래프, 원그래프, 띠그래프를 공부할 때, 그래프를 쉽게 그리는 방법은 없을까요?

위의 두 가지 질문을 '알지오매스 키즈(https://www.algeomath.kr/kids)'와 'EBS매스(https://www.ebsmath.co.kr)' 사이트 활용으로 답해보고자 합니다. '알지오매스 키즈'는 입체도형과 평면도형 조작 활동을 할 수 있는 온라인 학습 도구이고, 'EBS매스 이지통계'는 여러 가지 그래프 작성을 도와주는 공학 도구입니다. 미래를 준비하는 우리 아이들에게 유용한 두 가지 온라인 수학 학습 도구를 살펴보겠습니다.

1. '알지오매스 키즈'로 공간 감각 키우기

초등학교 수학 교과는 아이들이 생활 주변 현상을 수학적으로 관찰하고 표현하는 경험을 통하여 수학 기초 개념, 원리, 법칙을 이해하고 수학 기능을 익히도록 구성되어 있습니다. 초등학교 수학은 5개 영역으로 나뉘는데 ('수와 연산', '도형', '측정', '규칙성', '자료와 가능성'), 이 중 '도형' 영역에서 평면도형과 입체도형 학습을 통해 공간 감각을 배우게 됩니다. 공간 감각을 키우기 위해서는 실제 도형을 다루는 경험이 중요합니다.

따라서 초등학교 수학 교과는 다양한 도형 조작 활동을 통해 아이들이 공간 감각을 키우도록 교육과정이 설계되어 있습니다. 만일 가정에서 실제 수학 교구 조작 활동을 통한 도형 학습이 어렵다면 한국과학창의재단에서 제작한 '알지오매스 키즈' 사이트를 활용해 볼 수 있습니다.

'알지오매스 키즈'는 학습자가 온라인상에서 도형을 직접 조작하며 공간 감각을 키울 수 있는 학습 사이트입니다. 초등학생들이 쉽고 간편하게 수학 실습을 할 수 있도록 '알지오매스 키즈'는 두 가지 학습 도구를 제공합니다. 평면도형을 다룰 수 있는 '알지오매스 키즈 2D', 입체도형과 쌓기나무를 다룰 수 있는 '알지오매스 키즈 3D'를 활용해서 아이들은 도형 조작 활동을 경험할 수 있습니다. 이번 장에서는 초등학교 수학 교과 성취 기준을 제시하고, 이를 달성하기 위해 '알지오매스' 도구를 어떻게 활용할 수 있을지 알아보겠습니다.

1) 평면도형 이동

'알지오매스 키즈 2D' 도구는 평면도형 이동을 학습할 수 있는 기능을 제공합니다. 화면 왼쪽 주황색 메뉴에서 평면도형 '밀기'를 선택하고 도형을 클릭하면 아래 그림과 같이 '상세 설정 창'이 나타납니다. 여기에 이동 거리와 방향을 입력하면 평면도형 밀기를 할 수 있습니다.

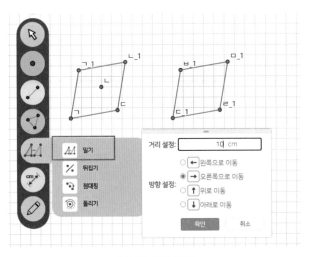

[그림 3-38] 밀기

또한 선대칭 도형 원리가 되는 '뒤집기' 활동도 할 수 있습니다. '뒤집기'를 하기 위해서는 도형과 대칭축이 필요합니다. 먼저 뒤집을 도형을 그리고 대칭축이 될 선분을 그립니다. 다음으로 왼쪽 주황색 메뉴에서 '뒤집기'

를 선택한 후 그려진 도형과 대칭축을 차례로 클릭하면 평면도형 '뒤집기'가 실행됩니다.

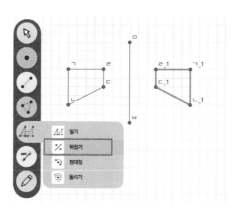

[그림 3-39] 뒤집기

'돌리기'는 점대칭 도형을 만드는 조작 활동입니다. 먼저 '돌리기' 할 도형과 대칭점을 그립니다. 다음으로 왼쪽 주황색 메뉴에서 '돌리기'를 선택하고 도형과 점을 차례로 선택합니다. 마지막으로 돌릴 각도와 방향을 지정해 주면 도형 '돌리기'가 실행됩니다.

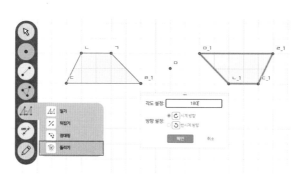

[그림 3-40] 돌리기

2) 입체도형 전개도

2022 개정 교육과정 성취기준

- 직육면체, 정육면체의 겨냥도와 전개도를 그릴 수 있다.
- 각기둥, 원기둥의 전개도를 그릴 수 있다.

직육면체, 정육면체의 전개도 학습은 전개도를 종이에 그리고, 그린 전개도를 오려서 접어 보는 활동을 주로 합니다. 전개도가 어떻게 입체도형이 되는지 종이 전개도를 접어 보는 활동 대신 '알지오매스 키즈 3D'를 활용하여 간편하게 학습할 수 있습니다.

'알지오매스 키즈 3D' 왼쪽 초록색 메뉴에서 '①전개도 그리기'를 선택하면 입체도형(정육면체, 직육면체, 각기둥, 원기둥) 전개도를 그릴 수 있습니다. 그린 전개도는 '②전개도 접기'를 선택하여 순차적으로 접어 볼 수 있습니다. 전개도 그리기와 접기 활동으로 공간 감각을 키워 봅시다.

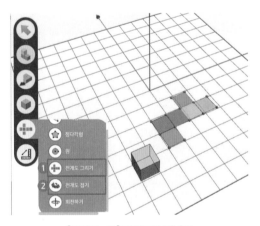

[그림 3-41] 전개도와 겨냥도

3) 쌓기 나무

- 쌓기 나무로 만든 입체도형의 위, 앞, 옆에서 본 모양을 표현할 수 있고, 이러한 표현을 보고 입체도형의 모양을 추측할 수 있다.

초등학교 6학년 교과서에는 쌓기 나무를 활용한 다양한 학습 활동이 있습니다. 이 학습 활동은 실제 쌓기 나무를 쌓아 보면서 학습해야 합니다. 만일 쌓기 나무 교구 준비가 어려운 상황이라면 '알지오매스 키즈 3D'를 활용해서 쌓기 나무 조작 활동을 해볼 수 있습니다.

'알지오매스 키즈 3D' 왼쪽 메뉴에서 '①쌓기 나무'를 선택하고 중앙 화면을 클릭하면 쌓기 나무를 쌓는 활동을 시작할 수 있습니다. 화면 오른쪽 탭에 있는 '②시점 큐브' 위에 마우스 커서를 올려놓고, 마우스를 누른 상태로 '시점 큐브'를 회전시키면 위쪽, 앞쪽, 오른쪽, 왼쪽, 뒤쪽, 아래쪽에서 본 쌓기 나무 모양을 입체적으로 확인할 수 있습니다.

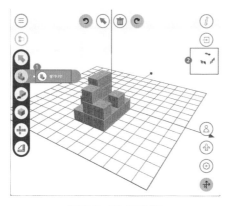

[그림 3-42] 쌓기나무

2. 'EBS매스' 공학 도구로 정보처리 역량 키우기

초등학교 수학 수업 시간에 배운 능력이 수학 교과의 내용 지식에 대한 이해에 머무르지 않고, 삶의 다양한 맥락 속에서 발휘되어야 합니다. 삶과 연결되는 이러한 수학 능력을 수학 교과 역량이라고 합니다. 최근 수학 교과에서 '정보처리' 역량이 점점 더 중요하게 여겨지고 있습니다. 이는 지식 정보화 사회에서 방대한 정보를 정확하게 분석하고 효과적으로 처리하는 능력이 필수적이기 때문입니다.

'EBS매스'는 EBS에서 교육부와 전국 17개 시도 교육청과 협력하여 만든 수학 학습 사이트로, 수학 공학 도구, 수학 웹툰, 수학 게임 등 유익한 수학 콘텐츠를 무료로 제공합니다. 그중 '초등학생용 이지통계'는 다양한 그래프를 쉽고 직관적으로 그릴 수 있도록 도와주는 공학도구입니다. 우리 아이가 자기 주도적으로 '정보처리' 역량을 키울 수 있는 '초등학생용 이지통계'의 활용 방법을 알아보겠습니다.

1) 여러 가지 그래프 그리기

2022 개정 교육과정 성취기준

- 자료를 수집하여 막대그래프, 꺾은선 그래프, 띠그래프, 원그래프로 나타내고 해석할 수 있다.

EBS매스 사이트 '학습존'에서 '초등학생용 이지통계' 도구를 선택하여 '시작하기' 버튼을 클릭합니다. '이지통계'는 로그인 없이 사용 가능합니다. 화면 왼쪽 '①자료입력' 탭에서 표나 자료를 입력합니다. 예를 들어 '나의 키 변화 모습'을 그래프로 나타내보겠습니다. 먼저 1학년부터 6학년까지 나의 키를 표에 입력합니다.

[그림 3-43] 자료입력

화면 왼쪽 '그래프' 메뉴를 펼쳐서 여러 가지 그래프(막대그래프, 띠그래프, 원그래프)로 쉽게 변경할 수 있습니다.

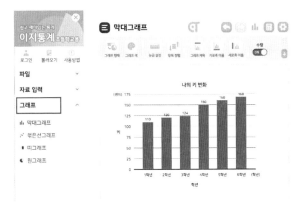

[그림 3-44] 막대그래프

'나의 키 변화 모습'을 알기 위해서 꺾은선 그래프를 그려 보겠습니다. 화면 우측 상단의 '①그래프 편집' 메뉴를 클릭하여 그래프 제목, 가로축과 세로축 이름을 설정하고, 그래프 색상, 범례, 눈금과 물결선 표시 여부 등을 지정해 줍니다. 완성된 그래프는 '②이미지 저장' 버튼을 클릭하여 내 컴퓨터에 그림 파일로 저장할 수 있습니다.

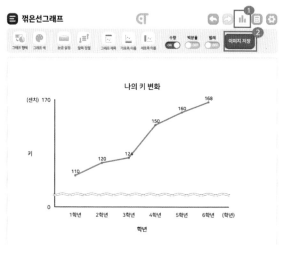

[그림 3-45] 꺾은선 그래프

3. 활용을 위한 조언

'알지오매스'와 'EBS매스' 사이트는 별도 회원 가입 없이 이용할 수 있는 수학 학습 사이트입니다. 로그인 없이 다양한 수학 자료와 공학 도구를 이용할 수 있어서 초등학생들에게 유용합니다. 또한, EBS매스 '게임존' 메뉴에서는 초등학생들이 즐길 수 있는 스도쿠, 펜토미노, 카타미노, 마방진, 지오보드와 같은 다양한 수학 게임도 제공합니다. '알지오 매스'와 ' EBS

매스' 자료를 활용하면 수학 학습에 흥미와 즐거움을 느끼면서 초등학교 수학 교과의 성취 기준을 달성할 수 있습니다.

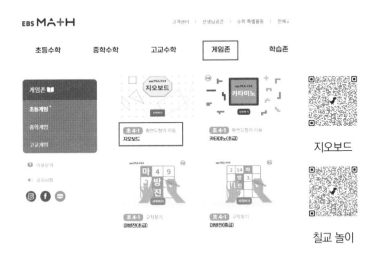

[그림 3-46] 게임존

우리 아이 AI 튜터

인공지능(AI)이 교육 분야에서 새로운 지평을 열고 있습니다. 챗 GPT-o1 모델은 2025학년도 수능 국어 시험에서 한 문제만 틀리는 놀라운 결과를 보였습니다.[1] 이는 AI가 단순한 검색 도구를 넘어 교육의 든든한 조력자로 성장하고 있음을 보여줍니다. 불과 몇 년 전만 해도 상상하기 어려웠던 이러한 변화가 이제 교실과 가정에서 일상이 되고 있습니다.

다만 AI를 교육에 활용할 때는 신중한 접근이 필요합니다. 특히 아이들이 비판적 사고 능력을 기르는 것은 중요합니다. AI가 제공하는 결과를 비판 없이 수용해서는 안 됩니다. AI도 오류를 범할 수 있다는 점을 인지하고, 할루시네이션(hallucination) 가능성을 염두에 두어야 합니다. 비판적 사고 능력을 갖춘 아이들에게 AI 기술은 문제 해결 능력을 높이는 좋은 도구가 될 수 있습니다.

이번 장에서는 AI를 활용한 새로운 학습 방법 세 가지를 소개합니다. 우리 아이들이 AI를 활용한 학습으로 AI 시대에 걸맞은 창의적인 학습자로 성장할 수 있기를 기대합니다.

---

1) https://m.edaily.co.kr/News/Read?newsId=03906486639087360&mediaCodeNo=257

1. 'Chat GPT' 데스크톱 앱

2024년 10월 AI 챗봇 선두 주자인 Chat GPT가 더욱 강력해진 기능으로 돌아왔습니다. 이번 업데이트는 단순한 기능 추가를 넘어 Chat GPT를 활용하는 방식 자체를 변화시킬 만큼 혁신적이라고 할 수 있습니다. 가장 눈에 띄는 변화는 바로 윈도우용 '데스크톱 앱' 출시입니다. 이제 PC에서 웹 브라우저를 켜지 않고도 Chat GPT를 이용할 수 있게 되었습니다.

윈도우에 설치된 '마이크로소프트 스토어'에서 'Chat GPT' 앱을 검색하여 설치하면 됩니다. 데스크톱 앱은 웹 버전보다 더 빠른 속도와 안정적인 성능을 제공합니다. Chat GPT를 데스크톱 앱으로 PC에 설치한 후 'Alt + Space bar' 단축키를 이용하면 언제든지 Chat GPT를 사용할 수 있습니다.

[그림 3-47] Chat GPT 데스트톱 앱 설치

1) Chat GPT로 영어 회화 공부하기

Chat GPT 데스크톱 앱을 설치하면 기존 스마트 기기에서만 사용할 수 있었던 '음성 모드' 기능을 데스크톱 PC에서도 사용할 수 있습니다. '①무료 버전'으로 로그인해서 '②음성 모드'를 실행하고 Chat GPT와 영어 회화 연습을 할 수 있습니다. Chat GPT '②음성모드'를 활용하면 마치 영어 원어민과 대화하는 것처럼 자연스럽게 영어로 소통할 수 있습니다. 한국어와 영어에 모두 능통한 영어 원어민 선생님과 영어 회화를 공부하는 듯한 느낌을 받을 수 있습니다.

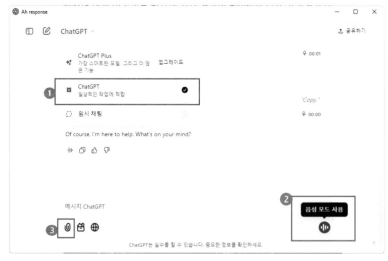

[그림 3-48] PC에서 챗GPT 음성모드 실행

Chat GPT를 영어 선생님으로 이용하려면 프롬프트가 필요합니다. 다음 예시 프롬프트를 활용하여 Chat GPT와 영어로 대화를 나누어 봅시다. 자신의 영어 표현을 Chat GPT로부터 피드백 받을 수 있습니다.

- I want you to act as professional US English teacher.
- Suggest few casual conversation topics in English.
- Let's have a conversation about [topic]. Go ahead first.
- Do you have any corrections, comments on my English?

2) Chat GPT로 국어 문제 해결하기

Chat GPT는 지식, 정보 검색뿐만 아니라 추론 능력을 발휘해서 국어 문제를 해결할 수 있습니다. Chat GPT-4 모델부터 AI가 보고, 듣고, 말하는 기능이 더욱 강화되었습니다. '파일 첨부' 기능을 통해 파일을 업로드할 수 있고, '스크린샷 찍기', '사진 촬영' 기능으로 Chat GPT가 마치 보는 것처럼 자료를 인식할 수 있습니다.

국어 문제를 사진으로 촬영해서 입력 창에 첨부하면 Chat GPT는 문제 풀이 과정과 정답을 제공합니다. 최근 출시된 Chat GPT-o1 모델은 Chat GPT-4 모델보다 추론 능력이 훨씬 향상되었습니다. 수능 시험 국어 문제를 거의 다 맞출 정도로 높은 국어 사용 능력을 갖춘 Chat GPT를 활용해서 국어 공부를 해봅시다.

◎ 스크린샷 찍기

◎ 사진 촬영

⌂ 컴퓨터에서 업로드

ChatGPT는 실수를 할 수 있습니다. 중요한 정보를 확인하세요.

[그림 3-49] Chat GPT 파일 첨부 기능

2. '콴다(QANDA)' 알아보기

'콴다(https://qanda.ai/ko)'는 우리 아이들 수학 학습을 효과적으로 도와주는 AI 기반 학습 앱입니다. 아이들이 모르는 수학 문제를 사진으로 찍어서 입력하면 상세한 풀이 과정을 제공하여 이해를 돕습니다. 콴다는 단순히 정답만 알려주지 않습니다. 풀이 과정을 논리적으로 설명해 아이들이 부족한 부분을 찾도록 도와줍니다. 초등학교 연산 문제부터 고난도 수학 경시 대회 문제까지 폭넓은 범위를 다루며 수학 실력을 단계별로 올릴 수 있습니다.

사용 방법은 간단합니다. 콴다 앱이나 사이트에서 수학 문제를 사진 찍어 올리면 독자적인 광학문자인식(OCR) 기술로 해당 문제를 인식해 5초 이내에 풀이 과정을 알려줍니다.

[그림 3-50] 콴다 입력 창

1) 콴다로 수학 문제 해결하기

'콴다'는 전 세계 5,500만 명이 사용하는 수학 교육 앱입니다. 전체 사용자 중 85%가 해외 이용자일 정도로 국제적인 인지도가 높습니다. 특히 베트남에서는 월간 이용자가 400만 명에 이르며 일본에서는 2018년 출시 후 4개월 만에 구글 플레이스토어와 애플 앱스토어 교육 부문 1위를 달성했습니다. [2]

교육 부문에 특화된 인공지능 콴다는 스마트 기기와 PC에서 모두 사용이 가능합니다. 수학뿐 아니라 화학, 물리, 역사, 문학, 경제 등 다른 과목 문제도 검색하여 해결할 수 있습니다.

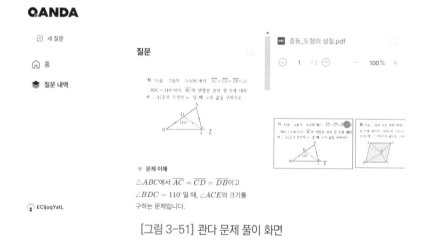

[그림 3-51] 콴다 문제 풀이 화면

2) https://www.hangyo.com/news/article.html?no=95959#google_vignette

3. '빅카인즈(BIG KINDS)' 알아보기

'빅카인즈(https://www.bigkinds.or.kr/)'는 한국언론진흥재단이 운영하는 기사 검색 사이트입니다. 여기서는 전국의 종합일간지, 경제지, 영자지, 지역신문 기사 원문을 광고 없이 검색할 수 있습니다. 또한 1990년대 이전 신문과 독립신문, 대한매일신보 등 옛날 신문 기사도 찾아볼 수 있습니다.

빅카인즈는 AI를 활용하여 사용자에게 다양한 기능을 제공합니다. AI 질의응답 서비스는 사용자가 입력한 질문에 대해 뉴스를 기반으로 답변을 제공합니다. 8천여만 건에 이르는 뉴스 빅데이터를 근거로 결과를 도출하므로 신뢰도와 정확도가 높습니다. 빅카인즈 AI 기능은 우리 아이들이 사회와 관련된 문제를 해결할 때 도움을 줄 수 있습니다.

[그림 3-52] 빅카인즈 AI 검색 화면

1) 빅카인즈로 사회 문제 공부하기

인터넷에서 신문 기사를 검색할 때 우리 아이들에게 해로울 수 있는 광고가 많아 이용이 불편했습니다. 하지만 빅카인즈는 광고 없이 신문 기사를 무료로 제공하므로 편리하게 이용할 수 있습니다. '①뉴스 보기' 메뉴에서 '②주간 이슈'를 클릭하여 '관심 뉴스'를 선택해 봅시다. 관심 있는 뉴스를 클릭하면 뉴스 빅데이터를 활용하여 국내 모든 언론에서 보도된 관련 뉴스를 손쉽게 검색할 수 있습니다.

[그림 3-53] 주간 이슈에서 관심 뉴스 선택하기

상단 메뉴 '사설' 탭을 선택하면 각 언론사 사설을 모아서 볼 수 있습니다. 여러 신문사 사설을 읽으면 사회 문제를 다양한 관점에서 비교해 볼 수 있어서 유익합니다.

[그림 3-54] 빅카인즈 사설 검색

2) 연관어 시각화로 사회 문제 폭넓게 보기

상단 '뉴스 분석' 메뉴 '시각 보고서 만들기'를 선택하면 연관어를 찾아 워드 클라우드 형식으로 시각 이미지를 만들 수 있습니다. 뉴스에서 함께 언급된 연관어를 찾아서 추가 뉴스를 검색해 볼 수 있고, 사회 문제를 폭넓은 시각에서 바라볼 수 있게 해줍니다.

[그림 3-55] 'CES' 관련 기사 워드 클라우드

3. 활용을 위한 조언

최근 Chat GPT-o1 모델이 2025학년도 수능 국어 영역에서 단 한 문제만 틀려 97점으로 1등급을 받았다는 소식이 전해졌습니다. 이는 Chat GPT 국어 능력이 인간 수준에 근접하고 있음을 보여주는 사례입니다. AI 기술 발전은 교육 방향에 대한 재고를 촉구하고 있습니다.

미래 교육은 단순한 지식 교육을 넘어서 지식을 창의적으로 활용하고 문제를 해결하는 능력을 강화하는 방향으로 전환되어야 합니다. 전통적인 교육 방식은 우리 아이들이 기본적인 지식을 습득하는 데 중점을 두었습니다. 하지만 현대 AI 기술은 대규모 데이터베이스와 연결되어 언제 어디서나 수많은 지식을 제공해 줄 수 있습니다. 따라서 앞으로 교육은 단순한 지식 교육을 넘어서 복잡한 사회 상황에서 본질적인 문제를 발견하고, 창의적으로 해결하는 능력을 키우는 데 초점을 두어야 합니다.

이번 장에서 살펴본 Chat GPT, 콴다, 빅카인즈 AI 기술들은 우리 아이들이 문제 해결 능력을 높이는 데 도움이 될 것입니다. 아이들이 문제를 발견하고, 이를 합리적으로 해결하는 데 AI 기술을 유용하게 활용하기를 기대합니다.

AI로 만드는 게임과 디지털아트

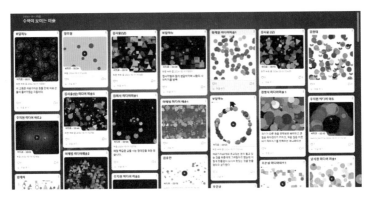

[그림 3-56] 학생들이 AI로 만든 디지털 아트 결과물

우리 주변을 보면, 생활을 편리하게 해주는 거의 모든 도구에 소프트웨어가 사용됩니다. 스마트폰은 물론이거니와 냉장고, 에어컨, 세탁기, 전기밥솥과 같은 가전제품에도 소프트웨어가 사용되어서 사용자가 원하는 대로 기능을 구현하도록 되어 있습니다. 심지어는 자동차에도 거의 모든 부품이 전자적으로 작동하기 때문에 전자제어시스템의 소프트웨어가 중요합니다. 그래서 차량 비용에서 소프트웨어가 차지하는 비율이 날이 갈수록 높아지는 것입니다.

우리 삶을 편리하게 만드는 소프트웨어를 개발하는 데 있어 가장 기본은 코딩입니다. 코딩이란 작업의 흐름에 따라 프로그램 언어의 명령문을 써서 프로그램을 작성하는 것으로 프로그래밍 언어마다 명령어와 문법의 체계가 달라 스스로 간단한 프로그램을 만들 수 있을 정도의 수준이 되기까지는 많은 시간과 노력이 필요합니다.

그러나 생성형 인공지능을 이용하면 프로그래밍 언어를 몰라도 간단한 코드정도는 작성할 수 있습니다. 생성형 인공지능에게 내가 원하는 동작이 구현되도록 프롬프트를 입력하면 인공지능이 코드를 작성해 줍니다. 그러나 사용자가 원하는 동작을 프롬프트로 입력해도, 인공지능이 제대로 이해하지 못하면 엉뚱한 코드나 오류가 있는 코드를 생성할 수도 있습니다. 그러면 프롬프트를 수정하여 다시 생성하거나 오류코드를 인공지능에게 묻고 수정요청을 하면 됩니다. 변수 등 간단한 수정은 직접 하는 것이 더 쉬울 수도 있습니다.

이번에는 생성형 인공지능을 이용하여 간단한 게임 프로그래밍을 만들어 보고 생성형 인공지능을 이용하여 프로세싱의 코드를 작성하여 미디어 아트 결과물을 만들어 보도록 하겠습니다.

1. 랜덤 숫자게임

초등학교 5학년 1학기 수학 교육과정에는 자연수의 혼합계산을 지도하도록 되어 있습니다. 덧셈, 뺄셈, 곱셈, 나눗셈의 혼합 계산에서 계산하는 순서를 알고, 혼합 계산을 하는 것이 성취 기준으로 제시됩니다. 이 목표를 달성하는데에 매지믹서라는 교구가 도움이 될 수 있습니다. 매지 믹서는 검정색 주사위 2개와 흰색 주사위 5개로 이루어져 있는데 검정색 주사위 중 하나는 각 면에 10, 20, 30, 40, 50, 60이 적혀있고 나머지 주사위에는 각각 1, 2, 3, 4, 5, 6이 적혀 있습니다. 주사위를 굴린 후 검정색 주사위의 두

수의 합을 나머지 흰색 주사위 5개의 수를 더하거나, 빼거나, 곱하거나, 나누는 등 다양한 수식을 이용하여 만드는 것입니다. 괄호를 이용해도 되지만 주사위에 나온 숫자를 모두 사용해야 하며 한 번씩만 사용해야 하는 것입니다. 예를 들어 검정색 주사위가 30과 4가 나오고, 흰색 주사위가 각각 2,3,3,5,6 이 나왔다면 5×6+3+3-2=34 로 만드는 것입니다. 게임에 참여하는 사람들과의 합의가 되면 둘 이상의 숫자를 연이어 사용해도 됩니다. 위의 경우를 예로 들면 3과 5를 붙여서 35+2+3-6=34로 만들어도 되는 것입니다. 먼저 답을 찾는 사람이 포인트를 얻도록 해도 되고, 다른 방식으로 만들 때마다 포인트를 얻도록 해도 상관없습니다. 아이들이 흥미를 가지고 연산 활동을 하도록 유도하는 것이 목적이기 때문입니다.

그런데 이 교구는 구하는 것이 쉽지 않습니다. 또한 구했다고 해도 주사위를 이용해 숫자를 생성하다보니 7이상의 숫자는 나오지 않고 만들어야 하는 검정색 숫자의 조합도 36가지 밖에 없습니다. 연산을 연습한다는 목적만 본다면 크게 문제가 되지는 않지만 아무래도 다양한 숫자가 제시되지 못하다보니 흥미가 금방 떨어질 수 있습니다.

이러한 문제를 해결하기 위해 인공지능을 이용하여 목표숫자와 제시하는 숫자를 랜덤으로 제시하는 프로그램을 만들어 보겠습니다.

다양한 생성형 인공지능이 있지만 가장 대중적인 ChatGPT를 이용하였습니다. ChatGPT에게 "맨 위에 타이틀은 '주어진 숫자로 목표숫자를 만들어라' 라고 쓰고 '생성' 버튼을 누르면 '주어진 숫자'에는 1부터 9까지의 자연수 중 5개와 그 아랫줄에는 '목표숫자' 두 자리 숫자 1개가 랜덤으로 작성되는 html 코드를 작성해 줘."라고 프롬프트를 입력하니 ChatGPT가 코드를 작성해주었습니다.

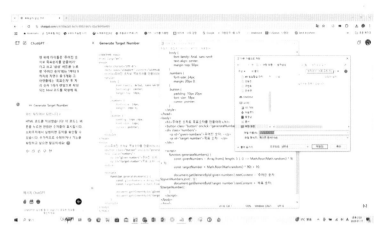

[그림 3-57] ChatGPT를 이용한 랜덤숫자생성 코드

html 코드로 작성해 달라고 하였으므로 웹브라우저로 실행이 되도록 해야 합니다. ChatGPT가 작성한 코드를 메모장을 열어 그대로 복사하여 붙여 넣고 다른 이름으로 저장할 때 파일 이름에서 확장자를 html로 수정하여 저장합니다.

이렇게 저장된 파일을 실행하면 바로 웹브라우저로 열리게 됩니다. 프롬프트에서 작성한대로 타이틀이 나오고 아래에 생성버튼이 나옵니다. 생성버튼을 클릭하면 주어진 숫자에는 한 자리 숫자 5개가 제시되고 목표숫자에는 두 자리 숫자 1개가 제시됩니다. 제시된 5개의 숫자를 조합하여 목표숫자를 만들면 됩니다. 필자가 근무하는 학교에서도 화면을 통해 숫자를 제시하여 활동을 해보았는데 학생들이 매우 흥미로워하며 적극적으로 참여하는 모습을 볼 수 있었습니다. 또한 초등학생인 자녀에게도 적용을 해보니 이리저리 생각을 하며 목표 숫자를 만들기 위해 노력하는 모습을 볼 수 있었습니다. 목표 숫자를 만드는 과정에서 우리 아이들은 수학적 사고력이 길러지리라 생각됩니다.

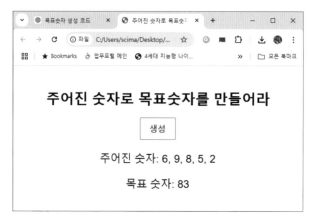

[그림 3-58] 랜덤숫자게임 실행 결과

2. 분수트리와 디지털 아트

2015개정교육과정 적용 동아출판사의 5학년 2학기 수학(박교식) 교과서 2단원 분수의 곱셈에서는 단원을 모두 학습한 후 단원의 학습 주제와 관련하여 생활 주변, 사회 현상, 자연 현상과 관련된 다양한 맥락에서 수학이 어떻게 사용되고 적용되는지 살펴보는 창의·융합활동인 '찾아봐요! 수학 세상'에서는 분수의 곱셈을 이용하여 나무를 만들어 보는 활동이 제시되어 있습니다. 다음 나뭇가지의 길이는 바로 전 단계의 나뭇가지 길이보다 일정한 비율로 줄어들도록 직접 그림을 그려봄으로써 자연의 나무의 모습에 수학 규칙이 적용 있음을 간접적으로 체험하여 보는 활동입니다.

그런데 이 활동은 실제로 해보기에는 어려움이 좀 있습니다. 교과서에서도 활동방법에 대한 예시로 나뭇가지의 길이는 전 단계의 나뭇가지 길이의 $\frac{3}{4}$ 이라고 한다면 나뭇가지의 길이는 48㎝, 36㎝, 27㎝순으로 길이가 달라진다고 제시하고 있습니다. 교과서에서 제시한 길이대로 표현을 하려면 넓은 면의 종이와 공간이 필요할 것이고, 좁은 면의 종이에 표현하려면 아주 작은 길이까지 표현할 수 있는 자와 같은 도구가 필요할 것입니다. 또한 교과서에서는 제시되어 있지 않지만 가지의 각도까지 고려하면서 표현하려면 아이들의 입장에서 굉장한 수고가 동반됩니다.

그래서 직접 그리기보다는, 생성형 인공지능의 도움을 받아 그래픽으로 표현해 보았습니다. 그래픽으로 표현할 수 있는 도구는 다양하겠지만 여기에서는 프로세싱이라는 툴을 사용하였습니다.

프로세싱은 컴퓨터 프로그래밍의 본질을 시각화하여 프로그래머가 아닌 사람들도 쉽게 배울 수 있도록 개발된 오픈 소스 프로그래밍 언어입니다. 자바를 기반으로 하면서도 자바보다 문법이 간결하며 시각적 디자인을 위한 프로그래밍 언어로 초보자도 쉽게 사용할 수 있습니다. 또한 예술가들을 염두에 두고 만들어졌기 때문에 예술가들이 필요로 하는 기능들이 잘 정리되어 있습니다.

프로그래밍 언어다보니 명령어와 문법체계에 대한 이해가 필요하지만 이러한 부분은 생성형 인공지능의 도움을 받아 작성하고 숫자로 표현된 변수들만 수정하는 방법으로 코드를 바꾸다 보니 초등학생들도 어렵지 않게 적용할 수 있습니다.

이를 위해서 먼저 프로세싱 홈페이지(https://processing.org/)에서 프로그램 파일을 내려받습니다. 유료프로그램은 아니지만 보다 편리하고 생산적인 도구가 되기 위해 지속적인 업데이트를 위한 기부금을 받고는 있습니다. 기부를 하지 않아도 파일을 내려 받을 수 있습니다. 내려 받은 파일의 압축을 풀고 프로그램파일을 실행하면 됩니다. 따로 컴퓨터에 설치할 필요는 없습니다.

생성형 인공지능(ChatGPT나 뤼튼등)에 "200px의 직선으로 시작하여 끝 부분에는 2개의 가지가 나오는데 각도는 15이고, 가지의 길이는 이전 가지 길이의 0.75배로 7번 반복하여 그림을 그리는 프로세싱 코드를 작성해 줘."라고 프롬프트를 입력하면 코드를 작성해줍니다. 이 코드를 복사하여 프로세싱에 붙여 넣고 실행사면 다음과 같은 결과물을 보여줍니다.

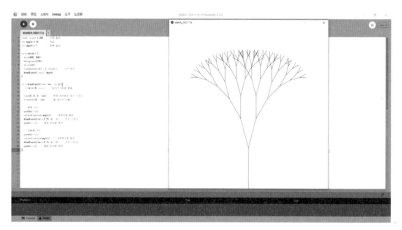

[그림 3-59] 분수 트리

필자의 학급 학생들도 처음에는 교사의 프롬프트를 따라 코드를 생성하여 동일한 결과를 얻었지만, 이후에는 '코드를 수정해도 되나요?'라고 물었습니다. 이에 '코드를 수정해도 좋고, 프롬프트를 바꿔도 된다'라고 답했습니다. 다만 분수의 곱셈 단원의 목표에 맞게 다음 가지에 적용되는 규칙은 그대로 유지하라고 하였습니다. 학생들은 줄기의 색도 바꾸고 배경의 색도 바꾸고 그림을 추가하는 등 다양한 방식으로 코드를 변형하였고 가지의 좌우 각도와 반복 횟수등을 변화시켜 다양한 결과물을 보여주었습니다. 학생들은 점차 자기유사성을 갖는 기하학적인 구조를 만들어내었고 프랙

탈에 대한 개념이나 관련 사례를 제시하지 않았음에도 불구하고 프랙탈 도형을 만들어 내었습니다.

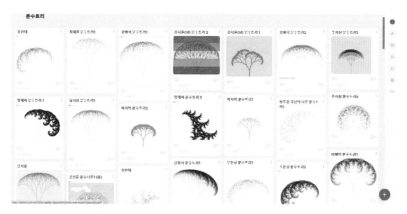

[그림 3-60] 학생들이 만든 분수트리 결과물 모음

수학적으로 자기 닮음을 아주 간단하게 표현하였음에도 불구하고 멋진 예술 작품이 나오는 것을 볼 수 있습니다. 이런 수학적인 아름다움은 우리가 살아가는 자연에서 쉽게 찾아 볼 수 있습니다. 잘 알려진 것처럼 해바라기 꽃씨의 배열, 선인장의 나선배열, 솔방울의 배열등은 피보나치 수열과 황금비로 이루어져 있습니다.

2022개정 초등학교 미술과 교육과정 성취기준에는 '[4미02-05] 미술과 타 교과를 관련지어 주제를 표현하는데 흥미를 가질 수 있다.', '[6미02-02] 디지털 매체 등 다양한 표현 재료와 용구를 탐색하여 작품 제작에 활용할 수 있다.', '[6미02-05] 미술과 타 교과의 내용과 방법을 융합하는 활동을 자유롭게 시도할 수 있다.'가 제시되어 있습니다. 타 교과와 융합하여 자신의 생각을 표현하는 것도 중요합니다.

앞에서 제시한 것처럼 생성형 인공지능과 프로세싱을 이용하면 디지털 매체를 이용하여 수학적인 미술을 표현할 수 있습니다. 방법은 분수트리를 만들 때와 크게 다르지 않습니다. 표현하고자 하는 대로 프롬프트를 입력하면 됩니다. 가령 '크기가 다른 원을 무작위로 배치하고 큰 원은 작아졌다가 커지고, 작은 원은 커졌다가 작아지기를 반복하는 애니메이션을 만들 수 있는 프로세싱 코드를 작성해 줘.'라고 프롬프트를 입력하면 인공지능이 코드를 작성해줍니다. 이렇게 생성된 코드를 프로세싱이 붙여 넣고 실행하면 됩니다.

결과물을 보고 수정할 사항이 있으면, 직접 수정하거나 프롬프트를 변경해 다시 코드를 생성하면 됩니다. 필자의 학급 학생들에게 적용해보니 학생들은 자신만의 창의적인 방법으로 자유롭게 표현하였습니다. 원 뿐만 아니라 사각형, 삼각형, 별 모양등 다양한 모양으로 변형하였고, 색상도 한 가지가 아니라 다양한 색상으로 표현하였습니다. 도형들의 움직임도 보다 역동적이며 규칙적으로 표현하기도 하였습니다.

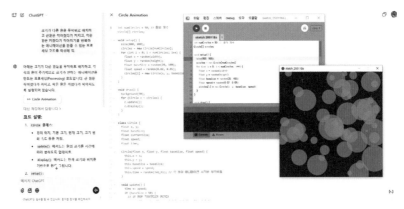

[그림 3-61] 디지털 미디어아트 제작과정

3. 활용을 위한 조언

생성형 인공지능을 이용하면 코드를 손쉽게 작성할 수 있습니다. 자신에게 필요한 간단한 소프트웨어를 쉽게 만들 수 있고, 상상력을 표현할 수도 있습니다. 특히 ChatGPT나 뤼튼과 같은 생성형 인공지능은 파이썬과 같은 프로그래밍 코드를 잘 작성합니다. 특히 파이썬은 문법이 간단하여 익히기에 쉽다보니 많은 사람들이 사용하여 다양한 분야에서 활용됩니다. 또한 수많은 라이브러리를 제공하여서 프로그램 개발 시간을 단축할 수도 있습니다.

코딩 초심자들이 파이썬을 접하는 것은 어려운 일이지만 생성형 인공지능이 작성한 코드를 기본으로 자신의 아이디어를 구체화하는 과정을 통해 코딩에 대한 이해도가 높아질 것입니다. 프로그램을 개발하는 과정에서 맞닥드리는 문제를 해결함으로써 문제해결력과 논리력이 높아질 것입니다.

학부모, 교사, 아이가 함께 보는
최신 AI 에듀테크 코스웨어 활용 가이드

우리는 AI와공부한다